教科書 タイ語

หนังสือเรียน ภาษาไทย

柿崎一郎
kakizaki ichiro

めこん

はじめに

　本書は文字から学ぶタイ語の本です。タイ語は独特の文字を用いているため
に、初心者はにハードルが高いようです。実際にはハングルのように規則的に
作られている文字体系なのですが、見た目が複雑怪奇なためか、タイ文字の勉
強は敬遠されてしまうことが多いのです。近年はタイに住む日本人も多くなり、
タイ語を話したり聞いたりできる人も増えていますが、読み書きができる人と
なるとぐっと数が減ります。「話す・聞く」能力はタイ人の中でタイ語のシャワー
を浴びていればおのずと身に付くものですが、「読む・書く」能力はただ漫然と
タイ文字を眺めていてもなかなか身に付くものではありません。最低限の規則
を覚えることが必要です。

　この本では**文字**の勉強を優先し、小学校の新出漢字のように少しずつ新出文
字や記号を学び、それらを用いて簡単な文章を作りながら、**文法**を学んでいく
というスタイルをとっています。各課の冒頭には、その課で学ぶ文字の種類と
文法の内容を提示してあります。それまでの課で学んできた文字と新出文字か
らなる単語、例文の順で学び、練習問題で理解を深めるというのが、各課に共
通の構成です。

　このように文字の修得を少しずつ積み上げていくという学習方法をとってい
るので、通常の語学の本で最初に出てくるような「こんにちは」「ありがとう」な
どの語は、かなり先に進まないと出てきません。代わりに、「カラス」「田んぼ」
など、およそ通常の初修者には縁遠いけれど綴りが簡単な単語から学ぶことに
なります。最初は使える単語が少ないため、「やかんの中に薬がある」のような
不思議な例文も出てきますが、これは簡単な単語を並べるだけでもちゃんとし
た文章ができることを理解してもらうためです。やがて、使える文字・記号や
規則が増えていくに従ってなじみのある日常的な単語も出てくるようになり、最
終的にはタイ文字の読み書きの規則をほぼ100％学ぶとともに、基本的な単語や
文法も身に付くようになっています。

　なお、練習の❸の解答のうち、（　　）はなくてもよいもの、／はどちらかを使用していればよいものを意味しますが、他にも文章の前後を入れ替えたり、別の言い方が可能な場合もあるので、あくまでも解答例と考えてください。巻末には本文中で出てきたタイ文字の規則をまとめた表と、各課で出てきた新出単語をまとめた単語一覧を載せてあります。適宜参考にしてください。

　この本は、これまで私が中心となって作成した慶應義塾外国語学校のテキスト『タイ文字の読み方・書き方　基礎』をベースにしながらも、これまで約20年間のタイ語教育の経験をふまえて、各課の構成を大幅に改めて独習者でも理解できるように解説や解答を加えるとともに、大学の半期の授業（15回）2期分で十分勉強できるように課の数を24課に設定しました。この新出文字・記号を少しずつ学びながら簡単な文章を作っていくというスタイルは、実は昔のタイの小学校1年生の国語の教科書のスタイルを踏襲したものです。そして、私が最初にタイ語を習った東京外国語大学のタイ語専攻において、当時客員教授であった須藤ウィチャイ先生がこの国語の教科書をベースにオリジナル教材を作ってタイ語を一から教えてくださったことが、私がこのスタイルを踏襲する直接のきっかけになっています。ウィチャイ先生のオリジナル教材が、この本の実の生みの親です。この場をお借りして改めて御礼申し上げます。

　最後になりますが、本書の編集作業を担当してくださっためこんの面川ユカ氏と、出版を快く引き受けてくださった桑原晨氏に深く感謝の意を表します。

　2017年4月

柿崎　一郎

目次

はじめに 1

タイ語の発音とタイ文字の特徴 7
1. タイ語の発音
2. タイ文字の特徴

第1課 マーニーは田んぼに来ます 15
มานี มา นา
文字：中子音と低子音・長母音記号①
文法：タイ語の基本文型、「持っている」、名詞の連続

第2課 マーニーは薬を塗りに来ます 20
มานี มา ทา ยา
文字：中子音と低子音・長母音記号②
文法：形容詞の使い方、動詞の連続、方向副詞

第3課 チューチャイ、早く来なさい 26
ชูใจ มา ไว ไว
文字：中子音と低子音・長母音記号③
文法：「行く」「いる、ある」、命令形、「する、作る」
コラム① ใを使った単語

第4課 マーニーはチューチャイを連れていきます 33
มานี พา ชูใจ ไป
文字：低子音と高子音・長母音記号①・真性二重子音
文法：「連れる」「要る、（持って）いく」

第5課 デーチャーはマーニーを訪ねていきます 40
เดชา ไป หา มานี
文字：低子音と高子音・長母音記号②
文法：「探す・訪ねる」「（手に）持つ」「〜を下さい」
コラム② มานีとชูใจ

第6課 チューチャイは脚をなめる虎を見ます 47
ชูใจ ดู เสือ เลีย ขา
文字：低子音と高子音・長母音記号③

文法：「誰ですか」、関係代名詞の省略、「～してみる」

第7課 マーニーは焼魚を作ることができます ……… 53
มานี ทำ ปลา เผา ได้
文字：中子音と声調記号
文法：類別詞、「いくつありますか」「～できる」
コラム③ 切れ目が見えにくいタイ語の文章

第8課 デーチャーはマーニーに見に行かせます ……… 62
เดชา ให้ มานี ไป ดู
文字：高子音と声調記号
文法：「もし」「～も」「与える、～させる」
コラム④ タイ文字の字体

第9課 チューチャイはいつ来ましたか？ ……… 69
ชูใจ มา เมื่อไร
文字：低子音と声調記号
文法：指示代名詞、否定形、「いつですか」「～すべき」

第10課 デーチャーはご飯を食べました ……… 77
เดชา ทาน ข้าว แล้ว
文字：長母音平音節の末子音
文法：「ご飯」「～で、～に」、完了形
コラム⑤ 複雑な親族を表す用語

第11課 この服はいくらですか？ ……… 84
เสื้อ ตัว นี้ เท่าไร
文字：長母音促音節の末子音
文法：「この、これ」「いくらですか」「急いで～する」
コラム⑥ 様々な「焼く」

第12課 マーニーはチューチャイに会ったことがあります …… 92
มานี เคย เจอ ชูใจ
文字：長母音記号の変化
文法：依頼の表現、「～すべきである」「～したことがある」
コラム⑦ タイ人のニックネーム

第13課 デーチャーは学校に行きたいです ……… 99

เดชา อยาก ไป โรงเรียน

文字：中子音化

文法：「いる、ある」「～するな」「～したい」

第14課　チューチャイはどこから来ましたか? ················· 106

ชูใจ มา จาก ไหน

文字：高子音化

文法：「どこ」「～ですか」「たくさんの」

コラム⑧　辞書の引き方

第15課　彼の名前は何ですか? ································ 114

เขา ชื่อ อะไร

文字：短母音記号①

文法：未来形、「何ですか」「名前」「年齢」

コラム⑨　果物や野菜の มะ

第16課　ご飯を食べましょう ································ 121

ทาน ข้าว เถอะ

文字：短母音記号②

文法：「～と」「なぜ」「～しましょう」

第17課　僕は日本人です ···································· 127

ผม เป็น คน ญี่ปุ่น

文字：短母音平音節の末子音

文法：「～である」「～ですか」「ありがとう」「～しましたか」

コラム⑩　ก๋วยเตี๋ยว の頼み方

第18課　何時に家を出ますか? ································ 136

จะ ออก จาก บ้าน กี่ โมง

文字：短母音促音節の末子音

文法：丁寧形、数字、時間、時間の長さ

第19課　デーチャーは学校に行かねばなりません ·········· 144

เดชา ต้อง ไป โรงเรียน

文字：声調記号と短母音記号の変化

文法：「～しなければならない」「～したばかり」

コラム⑪　日本語のタイ文字表記

第20課　こんにちは、お元気ですか? ····················· 152

สวัสดี ครับ　สบาย ดี หรือ ครับ

文字：疑似二重子音

文法：「こんにちは」「はじめまして」「ごめんなさい」

コラム⑫　「乗る」と「降りる」

第21課　マーニーはピティと親しいです ⋯⋯⋯⋯⋯ 160

มานี สนิทสนม กับ ปิติ

文字：子音の三連続

文法：昨日・今日・明日、「〜と」「すべて」、名詞化

コラム⑬　タイ数字

第22課　政府は国を開発します ⋯⋯⋯⋯⋯⋯⋯⋯⋯ 168

รัฐบาล พัฒนา ประเทศ

文字：再読文字

文法：「たぶん」「〜かもしれない」「〜でありますように」

第23課　おじさんは家を建て終えました ⋯⋯⋯⋯⋯ 175

อา สร้าง บ้าน เสร็จ แล้ว

文字：特殊な読み方

文法：「〜から〜まで」「終える」、年月日

コラム⑭　月の名前

第24課　焼鳥が一番おいしいです ⋯⋯⋯⋯⋯⋯⋯⋯ 184

ไก่ ย่าง อร่อย ที่สุด

文字：特殊な記号と略称

文法：比較級と最上級、「もっと」、大学名

コラム⑮　曜日の名前

★タイ文字の読み方と書き方　規則一覧 ⋯⋯⋯⋯⋯⋯⋯⋯⋯⋯⋯⋯ 194

★単語一覧 ⋯⋯⋯⋯⋯⋯⋯⋯⋯⋯⋯⋯⋯⋯⋯⋯⋯⋯⋯⋯⋯⋯⋯⋯ 198

【タイ語ー日本語】⋯⋯⋯⋯⋯⋯⋯⋯⋯⋯⋯⋯⋯⋯⋯⋯⋯⋯⋯⋯⋯ 198

【日本語ータイ語】⋯⋯⋯⋯⋯⋯⋯⋯⋯⋯⋯⋯⋯⋯⋯⋯⋯⋯⋯⋯⋯ 215

タイ語の発音とタイ文字の特徴

1. タイ語の発音

　タイ語は孤立語と呼ばれる言語で、語順によって単語の役割が決まります。基本的には単語を並べるだけで文章が完成し、日本語の「が」「は」のような助詞や、英語などのヨーロッパの言語に見られる活用や格変化は一切ありません。タイ語の語順は、英語と同じく主語 (S) +動詞 (V) +目的語 (O) となります。

> phǒm　pay　rooŋrian　　　僕は学校に行きます。
> 僕　　　行く　学校

　また、タイ語には時制の変化もありません。「昨日」など過去を表す単語を付ければ既に終わったことになりますし、「明日」など未来を表す単語を付ければこれから起こることになります。このため、英語のような動詞の時制による活用もありません。名詞の単数、複数の区別もありませんし、ヨーロッパの言語にある男性名詞、女性名詞のようなグループもありません。このため、タイ語は文法的には簡単な言語であると言えます。

　孤立語の特徴は単音節の単語が多いことと、声調が存在することです。音節とは子音と母音の組み合わせですから、タイ語本来の単語は上述の phǒm、payのような短い単語が多いのです。一方で何音節もある長くて難しい単語もありますが、これらは主にインドの古語サンスクリット語からの借用語です。このため、基本的な名詞や動詞は単音節の短い単語が大半を占めることになります。

　単音節の単語が多いということは、1つの子音と母音の組み合わせで示すことのできる音の数が限られることを意味します。例えば、子音が20音、母音が10音あるとすると、計200の音しか作れないことになり、単語の数が極端に少なく

なってしまいます。これを解消するために、孤立語では声調（トーン）という音の高低を用いて音の数を増やします。タイ語には5つの声調がありますから、上の200の音は声調を変えることで1000語まで増やすことができるのです。この5つの声調は以下の通りで、発音記号では以下のように示します。

平声：通常の声の高さで最後まで高さを変えない音　　（記号なし）

低声：低い声の高さで最後まで高さを変えない音　　　　＼

下声：高い声から低い声へと急速に下がる音　　　　　　∧

高声：通常の声の高さから高い声へと徐々に上がる音　　／

上声：低い声から高い声へと急速に上がる音　　　　　　∨

これを声の高さを示す図で示すと以下のようになります。

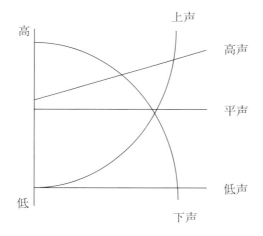

　タイ語の声調の練習をするときには、この平声、低声、下声、高声、上声の順にmaaという音に声調を付けて、maa màa mâa máa mǎaのように発音します。なぜこの順番なのかは、後で声調符号が出てきた時に説明します。ちなみに、これらの単語のうち、maaは「来る」、máaは「馬」、mǎaは「犬」という意味になりますので、máa maaと並べれば「馬が来る」ですが、mǎa maaとなると「犬が来る」という意味になります。このように、タイ語では母音と子音の

音が同じでも声調が違うと別の単語と見なしますから、声調の区別は非常に重要です。

　発音の点でもタイ語は音の数を増やす工夫をしています。母音の数は9音と日本語の5音よりも多くなっています。発音記号では以下のように表記します。

　a　：日本語の「あ」と同じ

　i　：日本語の「い」と同じ

　u　：口をつぼめた「う」

　ɯ　：口を横に広げた（「い」の口をした）「う」

　e　：日本語の「え」とほぼ同じ

　ɛ　：「あ」と「え」の間の音

　o　：口をつぼめた「お」

　ɔ　：口を開いた「お」

　ə　：上記の音の中間音（あいまい音）

　日本語との違いは、「う」「え」「お」の音がそれぞれ2つずつある点と、あいまい音がある点ですから、注意が必要です。

　また、タイ語には長く音を出す長母音と短く音を出す短母音の2種類の母音があります。発音記号では、aaのように同じ音を2つ並べたものが長母音、aのように1つしかないものが短母音です。

　子音では、頭子音（母音の前に来る子音）で有気音と無気音の区別があります。これは発音の際に息を出すか出さないかの違いです。以下の4つの組み合わせがあります。

無気音：　k　c　t　p

有気音：　kh　ch　th　ph

　有気音はhを付けることで息が出ていることを示します。日本語の発音では通常は息が出ていることが多いので、息を出さない発音を意識して行なうのは難しいのですが、促音の後、例えば「いっぱい」の「ぱ」、「いっかい」の「か」を

発音する際には息が出ていないことが多いです。発音するときに掌を口の前に当ててみて、手に息がかかるようであれば有気音になっている証拠です。日本語では有気音と無気温の区別はないのでコツを説明するのは難しいのですが、手に息を掛けずにこれらの子音を組み合わせた音が発音できるように練習してみてください。なお、cの音はch（チャ行）の無気音ですから、英語のkの音ではなくjに近い音になります。

　他に日本語にない子音としては鼻濁音のガ行の音を表すŋ（ng）、声門閉鎖音という事実上音の聞こえない?というものがあります。

　一方、子音のもう1つの特徴は、音節の末尾に来る末子音を発音する際に音を呑みこんでしまう点です。例えば、英語のbookは「ブック」と「ク」の音がちゃんと聞こえるように発音しますが、タイ語の場合は「ク」と発音する口をするものの、母音は全く出さないので「ク」の音は全く聞こえなくなります。

　このように、文法は簡単なタイ語ですが、発音に関しては、5つの声調があること、母音の数が多いこと、有気音と無気音の区別があることから、日本語よりは難しいと言えるでしょう。

2. タイ文字の特徴

　タイ文字はインド系の文字の一種です。13世紀にスコータイ王朝第3代のラームカムヘーン王が考案したとされており、カンボジアのクメール文字を簡略化したものと言われています。そして現在ラオスで使われているラーオ文字は、タイ文字をさらに簡略化したものです。タイ文字を読める人でもクメール文字を読むのは難儀しますが、ラーオ文字は比較的簡単に読めます。ちなみに、ラーオ語はタイ語と同じタイ・カダイ語系の言語ですから、ラーオ文字が読めれば意味もだいたい把握することができます。

　タイ文字には子音文字、母音記号、声調記号、その他の記号があり、文字と見なされるものは子音のみです。記号は子音に付随して音を調整する役割を果たします。このため、音を表す時には必ず子音がなければなりません。また、タイ語の母音記号は、子音の後（右側）のみならず、子音の前後上下のいずれか、

あるいは複数個所に付くことがあります。これはインド系文字の特徴です。

กา kaa　　กี kii　　กู kuu　　เก kee　　โก koo　　เกีย kia

　この場合、ก が k を表す子音文字ですから、母音記号が ก を取り囲むように前後上下に付くことが分かります。

　タイ語には単音節の単語が多いと書きましたが、頭子音と母音記号は必ず必要になり、場合によってこれに末子音がついたり声調記号が付いたりします。

頭子音 + 母音記号	กา	kaa
頭子音 + 母音記号 + 末子音	กาง	kaaŋ
頭子音 + 母音記号 + 声調記号	ก้า	kâa
頭子音 + 母音記号 + 末子音 + 声調記号	ก้าง	kâaŋ

　タイ文字の子音は計42種類存在します。タイ語では子音のみが文字であることから、タイ文字のアルファベット表は次ページのような子音の羅列となります。表の頭子音の発音の欄を見ると分かるように、タイ語の子音には同じ音の文字が多数存在します。これは、タイ文字の祖先であるインドのサンスクリット語では区別されていた音が、タイ語に入ってきた時に音の区別がなくなったものの、表記上の区別はそのまま残っているためです。このため、複雑な形をした重複文字は基本的にはサンスクリット語からの借用語を表記する時のみに用いられ、タイ語古来の単音節の単語は簡単な形の文字を使います。

　このような重複文字を区別するため、タイ語では子音の名称として、子音の音に続けてその子音を用いて作られる単語1つを発音して、「アヒルのア」、「イルカのイ」のように呼んでいます。表の「名称」が代表する単語であり、「発音」は子音の音と単語の音を続けたものです。代表となる単語はタイ国内のどこでもすべて共通で、タイで売られているアルファベット表には必ず文字とともに代表となる単語の絵や写真が添えられており、「鶏」から始まって「ふくろう」で終わります。なお、子音自体の音は母音と一緒でないと聞こえないため、ɔɔ という母音とともに発音しています。すなわち、最初のアルファベットの発音の kɔɔ

子音文字（アルファベット）一覧表

	子音	単語	発音	意味	子音の音		グループ
					頭子音	末子音	
1	ก	ไก่	kɔɔ kày	鶏のk	k	k	中
2	ข	ไข่	khɔ̌ɔ khày	卵のkh	kh	k	高
3	ค	ควาย	khɔɔ khwaay	水牛のkh	kh	k	低
4	ฆ	ระฆัง	khɔɔ rakhaŋ	鐘のkh	kh	k	低
5	ง	งู	ŋɔɔ ŋuu	蛇のŋ	ŋ	ŋ	低
6	จ	จาน	cɔɔ caan	皿のc	c	t	中
7	ฉ	ฉิ่น	chɔ̌ɔ chìng	シンバルのch	ch	-	高
8	ช	ช้าง	chɔɔ cháaŋ	象のch	ch	t	低
9	ซ	โซ่	sɔɔ sôo	鎖のs	s	t	低
10	ฌ	กะเฌอ	chɔɔ kachəə	樹木のch	ch	t	低
11	ญ	หญิง	yɔɔ yǐŋ	女のy	y	n	低
12	ฎ	ชะฎา	dɔɔ chadaa	冠のd	d	t	中
13	ฏ	ปะฏัก	tɔɔ patàk	牛突き棒のt	t	t	中
14	ฐ	ฐาน	thɔ̌ɔ thǎan	台座のth	th	t	高
15	ฑ	มณโฑ	thɔɔ monthoo	モントーのth	th	t	低
16	ฒ	ผู้เฒ่า	thɔɔ phûuthâw	老人のth	th	t	低
17	ณ	เณร	nɔɔ neen	小僧のn	n	n	低
18	ด	เด็ก	dɔɔ dèk	子供のd	d	t	中
19	ต	เต่า	tɔɔ tàw	亀のt	t	t	中
20	ถ	ถุง	thɔ̌ɔ thǔŋ	袋のth	th	t	高

が子音のkを母音のɔɔとともに発音する部分で、続くkàyが「鶏」を意味する単語の音となります。

タイ語の子音の音は、頭子音と末子音で異なる場合があり、表の子音の音の欄はそれぞれ頭子音の音、末子音の音を示しています。

そして、表の一番右側にはグループという欄があり、「高」「中」「低」という字

21	ท	ทหาร	thɔɔ thahǎan	兵士のth	th	t	低
22	ธ	ธง	thɔɔ thoŋ	旗のth	th	t	低
23	น	หนู	nɔɔ nǔu	鼠のn	n	n	低
24	บ	ใบไม้	bɔɔ baymáay	木の葉のb	b	p	中
25	ป	ปลา	pɔɔ plaa	魚のp	p	p	中
26	ผ	ผึ้ง	phɔ̌ɔ phɯ̂ŋ	蜂のph	ph	p	高
27	ฝ	ฝา	fɔ̌ɔ fǎa	ふたのf	f	p	高
28	พ	พาน	phɔɔ phaan	高脚台のph	ph	p	低
29	ฟ	ฟัน	fɔɔ fan	歯のf	f	p	低
30	ภ	สำเภา	phɔɔ sǎmphaw	ジャンク船のph	ph	p	低
31	ม	ม้า	mɔɔ máa	馬のm	m	m	低
32	ย	ยักษ์	yɔɔ yák	鬼のy	y	y	低
33	ร	เรือ	rɔɔ rɯa	船のr	r	n	低
34	ล	ลิง	lɔɔ liŋ	猿のl	l	n	低
35	ว	แหวน	wɔɔ wɛ̌ɛn	指輪のw	w	w	低
36	ศ	ศาลา	sɔ̌ɔ sǎalaa	あずまやのs	s	t	高
37	ษ	ฤาษี	sɔ̌ɔ rɯɯsǐi	道士のs	s	t	高
38	ส	เสือ	sɔ̌ɔ sɯ̌a	虎のs	s	t	高
39	ห	หีบ	hɔ̌ɔ hìip	箱のh	h	-	高
40	ฬ	จุฬา	lɔɔ culaa	星形凧の l	l	n	低
41	อ	อ่าง	ʔɔɔ ʔàaŋ	洗面器のʔ	ʔ	-	中
42	ฮ	นกฮูก	hɔɔ nókhûuk	ふくろうのh	h	-	低

が書いてあります。これはそれぞれ「高子音」「中子音」「低子音」という意味で、タイ文字の3つのグループの名前です。このうち、中子音と低子音は子音自体が平声の声調を持っていますが、高子音は子音自体が上声の声調を持っています。このため、表の高子音の部分を見ると、発音の最初の音節のɔɔという母音が必ず上声のɔ̌ɔになっていることが確認できます。

　タイの子どもたちは、学校でまずこのアルファベット表を覚えさせられますが、使用頻度の低い子音も多いので、ここでは今の時点でこのアルファベット表をすべて覚える必要はありません。子音の音と3つのグループに従って基本となる子音を拾っていくと計28文字となります。本書ではこの先第6課まででこの基本形28文字を学習し、その後15課以降で残りの重複子音14文字を学ぶことにします。なお、子音の順番はタイ語の辞書にも用いられていますので、辞書を引くときにはこの順番が頭に入っていた方が便利です。

　タイ文字の書き方は、原則として、①丸から始める、②一筆書きで書く、ことになります。表を見ても分かるように、ほとんどのタイ文字には○があります。このため、丸から始めて一筆書きをするという原則を頭に入れておけば、書き順は必然的に1つになります。なお、タイ文字では丸の向きで文字の区別をしている場合が非常に多いことから、丸を書く際には必ず◯◯のように書いてください。数字の9を書くときのように、途中で折り返す丸を書くと、丸の向きが右向きか左向きかよく分からなくなる危険性があります。

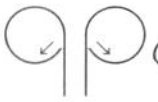

　母音記号や声調記号は子音を書いてから書くのが普通ですが、母音記号が子音の前にある場合は、先に母音記号を書いてください。また、タイ語は子音の上下に母音記号や声調記号が付く場合がありますので、上下の間隔は十分あけておいた方が無難です。表のように子音の上下の高さは一部の例外を除いて揃っていますから、上下に線を引くか、あるいはノートの罫線2本を用いて、その間に子音を収めるときれいに書くことができます。ここではこの上下の線を定型線と呼びます。

　タイ語の母音記号は、長母音記号（二重母音、複合母音含む）と短母音記号に分けられます。前者は声調の変化には一切関係しませんが、後者は声調を勝手に変化させることがあります。また、母音記号の中には末子音が付くと形が変わるものもあります。本書ではまず長母音記号から学ぶことにします。

　なお、タイで売られているアルファベット表にはこの他に、高子音の ฃ-ฃวด (khɔ̌ɔ khùat) と低子音の ฅ-ฅน (khɔɔ khon) がありますが、現在は使われていないのでこの表では省略してあります。

第1課
マーニーは田んぼに来ます
มานี มา นา

1. 新出文字・記号

中子音	ก	kɔɔ kày	ต	tɔɔ tàw	ป	pɔɔ plaa
低子音	น	nɔɔ nǔu	ม	mɔɔ máa		
母音記号	□า	aa	□ี	ii	□ู	uu

2. 単語

มา	maa	来る	นา	naa	田んぼ
กา	kaa	カラス、やかん	ตี	tii	叩く
ปี	pii	年	ปู	puu	蟹、敷く
มานี	maanii	マーニー（女性名）	ปา	paa	投げる
ตา	taa	おじいさん（母の父）、目			
มี	mii	持っている、いる、ある			

3. 用例

❶ タイ語の基本文型

　タイ語の最も基本的な文型は主語＋動詞＋目的語（補語）、いわゆるS＋V＋O型の文章です。

ตา มี นา　　　　おじいさんは田んぼを持っています。
มานี มา นา　　マーニーは田んぼに来ます。

　タイ語は語順でそれぞれの語の役割を決めていますので、主語と目的語の単語を入れ替えると全く逆の意味の文となります。

กา ตี ปู　　　　カラスは蟹を叩きます。
ปู ตี กา　　　　蟹はカラスを叩きます。

❷ มี の使い方

　มี の最も基本的な意味は「持っている」という意味ですが、「〜がいる」、「〜がある」というような存在を表す場合にも使います。

นา มี ปู　　　　田んぼに蟹がいます。

　また、主語を略して存在の意味に用いる場合もあります（第3課で説明します）。

❸ 名詞の連続

名詞を連続して並べると、後から前に所有の意味で掛かります。正確には**ของ**（khɔ̌ŋ）という単語を間に挟むのですが、省略しても構いません。

นา ตา おじいさんの田んぼ　　**ปู มานี** マーニーの蟹

4. 例文

มานี มา นา　maanii maa naa

マーニーは田んぼに来ます。

มานี มี ตา　maanii mii taa

マーニーには目があります。

ตา มี ปู　taa mii puu

おじいさんは蟹を持っています。

นา มี ปู　naa mii puu

田んぼには蟹がいます。

นา ตา มี ปู　naa taa mii puu

おじいさんの田んぼには蟹がいます。

ปู ตี กา　puu tii kaa

蟹はカラスを叩きます。

กา มี ปู　kaa mii puu

やかんの中に蟹がいます。

มานี มา นา ตา　　maanii maa naa taa

　マーニーはおじいさんの田んぼに来ます。

กา ตี ปู มานี　　　kaa tii puu maanii

　カラスはマーニーの蟹を叩きます。

มานี ตี กา ตา　　　maanii tii kaa taa

　マーニーはおじいさんのやかんを叩きます。

5. 練習

❶ 次のタイ語を読んでみましょう。

1 กา ตี ปู
2 ปู ตี กา
3 มานี มา นา
4 ตา มี นา
5 ตา ตี กา
6 มานี ปา กา
7 นา มานี มี ปู
8 กา มี ตา
9 นา มี ปู
10 ตา มี กา

※この先は単なる音の羅列で意味はありません。

11 กี ตู นา
12 มู กู ปี
13 ปา กี นี
14 มี กี กา
15 ตี กู มู
16 นา ตา กี
17 ปา ปู กา
18 นี มู มา
19 กี ตู นา
20 ปี กี มี

❷ 次の発音記号をタイ文字に直しましょう。

1　taa mii naa

2　puu tii kaa

3　naa taa mii puu

4　maanii tii kaa taa

5　taa maanii mii kaa

6　kaa tii maanii

7　maanii paa kaa

8　naa mii puu

9　taa tii kaa maanii

10　kaa tii puu taa

❸ 次の文章をタイ語に直しましょう。

1　カラスは蟹を叩きます。

2　マーニーには目があります。

3　おじいさんは田んぼを持っています。

4　マーニーのおじいさんはやかんを叩きます。

5　蟹はカラスを叩きます。

6　マーニーの田んぼには蟹がいます。

7　おじいさんはやかんを投げます。

8　カラスはマーニーの蟹を叩きます。

9　おじいさんのカラスは蟹を叩きます。

10　マーニーのやかんには蟹がいます。

第2課
マーニーは薬を塗りに来ます
มานี มา ทา ยา

文字：中子音と低子音・長母音記号②
文法：形容詞の使い方、動詞の連続、方向副詞

1. 新出文字・記号

中子音	ด	dɔɔ dèk	บ	bɔɔ baymáay		
低子音	ท	thɔɔ thahǎan	ย	yɔɔ yák	ล	lɔɔ liŋ
母音記号	เ□	ee	แ□	ɛɛ	โ□	oo

2. 単語

ทา	thaa	塗る	ยา	yaa	薬
ลา	laa	去る、ロバ	ดี	dii	良い
ดู	duu	見る	เท	thee	注ぐ
กู	kuu	俺	แก	kɛɛ	あいつ、お前
แบ	bɛɛ	（掌を）開く	ดูแล	duulɛɛ	面倒を見る
โบ	boo	リボン	โต	too	大きい

3. 用例

❶ 形容詞の使い方

　形容詞を用いて文章を作る際には、主語＋形容詞のみで構成されます。英語のbe動詞のようなものを挟む必要はありません。

โบ โต	リボンは大きいです。
ตา ดี	目は良いです。

　また、形容詞は名詞の後ろに付くと直前の名詞を修飾します。このため、上記の例はそれぞれ「大きなリボン」「良い目」と考えることもできます。文章中にこのような名詞＋形容詞があれば、そのように解釈してください。

มานี มี โบ โต	マーニーは大きなリボンを持っています。
มานี มี ตา ดี	マーニーの目は良いです。

❷ 動詞の連続

　タイ語は動作の起こる順に動詞を連続して並べることがあります。

มานี มา ทา ยา	マーニーは薬を塗りに来ます。

　この場合、まずマーニーがある場所に「来る」という動作があり、その動作が終了すると、次に「塗る」という動作が行なわれることを意味します。このため、直訳的には「来て塗る」ということ

になりますが、日本語としては「塗りに来る」と訳したほうが自然です。とくに、「行く」、「来る」という動詞は次の動作を示す動詞と連続することが多いですので、「มา〜」で「〜しに来る」という熟語として覚えてください。

❸ 方向副詞としてのมา

　タイ語の動詞の中には、動作の方向を表す方向副詞というものがあります。以下の文を見てください。

　　แก ตี กา มา　　　　あいつはやかんを叩いてきました。

　この文章には動詞が2つありますが、中心となる動詞はตีです。最後のมาが方向副詞であり、「あいつがやかんを叩く」という動作を行なってきたという意味を表します。このため、この文章は過去の意味になります。「〜มา」で「〜してきた」という熟語として覚えてください。上述の動詞の連続とは語順のみが違うことになりますので、混同しないようにしてください。

　　ตา มา ดู นา　　　　おじいさんは田んぼを見に来ます。
　　ตา ดู นา มา　　　　おじいさんは田んぼを見てきました。

　「行く」という動詞は次の課で出てきますが、最後のมาを「行く」に変えると、「あいつはやかんを叩いていきます」という意味になります。

❹ กูとแก

　　กูは一人称の代名詞、**แก**は三人称（場合によって二人称）の人称代名詞ですが、それぞれ「俺」「あいつ、お前」という意味の口語で、ややぞんざいな言い方です。タイ語には日本語と同じく様々な人称代名詞があり、相手や状況によって使い分けています。なお、一般的な「私・僕」「あなた」は第17課で出てきます。

กู ตี กา	俺がカラスを叩く。
แก ปา โบ	あいつがリボンを投げます。

4. 例文

มานี เท ยา　　　maanii thee yaa
　マーニーは薬を注ぎます。

กา โต ดู ปู　　　kaa too duu puu
　大きなカラスは蟹を見ます。

ตา มานี มี โบ　taa maanii mii boo
　マーニーのおじいさんはリボンを持っています。

กู ทา ยา มา　　　kuu thaa yaa maa
　俺は薬を塗ってきた。

ตา ดูแล มานี　　taa duulɛɛ maanii
　おじいさんはマーニーの面倒を見ます。

มานี มา ดู ปู　　maanii maa duu puu
　マーニーは蟹を見に来ます。

ตา มานี มี นา ดี　　taa maanii mii naa dii

マーニーのおじいさんは良い田んぼを持っています。

แก ปา โบ โต　　kɛɛ paa boo too

あいつは大きなリボンを投げます。

ตา มานี ดี　　taa maanii dii

マーニーの目は良いです。

กา โต ตี ตา มานี　　kaa too tii taa maanii

大きなカラスがマーニーのおじいさんを叩きます。

5. 練習

❶ 次のタイ語を読んでみましょう。

1　มานี ทา ยา มา

2　กา โต ตี ปู ตา

3　กู เท ยา

4　ตา ดูแล มานี

5　ตา มานี มี โบ โต

6　ตา กา ดี

7　นา ตา มี ปู โต

8　แก มา เท ยา

9　ตา มานี ปา โบ โต

10　กา มานี มี ปู โต

❷ 次の発音記号をタイ文字に直しましょう。

1 maanii maa tii kaa

2 puu too mii taa too

3 taa maanii mii naa dii

4 kɛɛ paa boo too maa

5 naa taa mii puu too

6 taa maanii thee yaa

7 kuu maa duu kaa too

8 taa maanii dii

9 kaa maanii mii yaa

10 taa duulɛɛ maanii

❸ 次の文章をタイ語に直しましょう。

1 おじいさんのカラスは大きな蟹を叩きます。

2 マーニーはおじいさんの田んぼを見に来ます。

3 俺は薬を注いできた。

4 大きなやかんに大きな蟹がいます。

5 マーニーの目は良いです。

6 大きな蟹はマーニーの蟹を叩きます。

7 マーニーのおじいさんはリボンを投げに来ます。

8 あいつは薬を塗ります。

9 おじいさんは良い田んぼを持っています。

10 マーニーのおじいさんはあいつの面倒を見ます。

第3課

チューチャイ、早く来なさい

ชูใจ มา ไว ไว

> **文字：中子音と低子音・長母音記号③**
> **文法：「行く」「いる、ある」、命令形、「する、作る」**

---

1. 新出文字・記号

中子音	จ	cɔɔ caan	อ	ʔɔɔ ʔàaŋ	
低子音	ช	chɔɔ cháaŋ	ร	rɔɔ rɯa	ว	wɔɔ wɛ̌ɛn
母音記号	ไ□	ay	ใ□	ay	□ำ	am

　อ の持つ音は声門閉鎖音（ʔ）という音ですが、実際には何の音もありません。この文字はいわゆるア行の音を作るために使用するもので、発音は母音の音のみとなります。

　この課で出てきた母音記号はいずれも母音＋末子音からなる複合母音ですが、母音のグループとしては長母音記号のグループに属し、声調の変化には一切かかわりません。また、ไ□（ไม้ มลาย máy malaay）と ใ□（ไม้ ม้วน máy múan）は同じ音であり、どちらを使うかは単語によって異なります。ただし、ใ□を用いる単語は20個しか存在しません。

2. 単語

อา	ʔaa	おじさん	รู	ruu	穴
รำ	ram	踊り、踊る	ไป	pay	行く
ใน	nay	～の中に、の	ไทย	thay	タイ
ไว	way	早い	ดำ	dam	黒い
กำ	kam	握る	ทำ	tham	作る、する
ดีใจ	diicay	うれしい	ใบ	bay	葉
ชูใจ	chuucay	チューチャイ（女性名）			
เดชา	deechaa	デーチャー　（男性名）			

ไทยは、タイ料理やタイ人などいわゆる「タイ」を指す語ですが、最後のยは発音には関係しません。

3. 用例

❶ ไปの使い方

มาと同じように、「ไป～（～しに行く）」と「～ไป（～していく）」の2つの熟語があります。後者の場合は、これから行なう動作を示す未来の意味になります。

เดชา ไป ดู รำ　　デーチャーは踊りを見に行きます。
เดชา ดู รำ ไป　　デーチャーは踊りを見ていきます。

❷ 存在を表す มี

　主語に場所を取ると「～がいる、～がある」という存在の意味の文章ができましたが、主語を置かずに มี から始まる文章も作ることができます。

มี นา　　　　　　　　　田んぼがあります。
มี ปู ใน นา　　　　　　　田んぼの中に蟹がいます。

2番目の文の場合、前半と後半を逆にすることもできます。

ใน นา มี ปู　　　　　　　田んぼの中に蟹がいます。

　この場合は主語を取る นา มี ปู とよく似ていますが、前置詞があるので、ใน นา は主語とはみなしません。

❸ 命令形

　タイ語では文脈上、意味が通じる時には主語を省略することは珍しくないですが、英語と同様に主語を外して命令形とすることもあります。

มา ดู ปู ใน รู　　　　　　穴の中の蟹を見に来なさい。

　また、命令する場合に相手を呼びかけることもありますが、その場合は相手の名前と次の命令する動詞との間には必ず隙間を空けます。なお、この本では単語と単語の間は英語のように空けてあります

が、そもそもタイ語は単語と単語の間を空けず、句読点も打たないの
が普通です。このため、文章中の隙間は意味の切れ目を指し、句、節、
文の切れ目となります。このため、命令形の場合に、もしこの隙間を
空けないと、相手が主語となる平叙文となってしまいます。

ชูใจ　　มา ไว ไว　　　チューチャイ、早く来なさい。

　なお、このように形容詞を繰り返すと強調の意味になりますが、
繰り返さなくても構いません。繰り返す場合は、第24課で出てくる
繰り返し記号を使うこともできます。

❹ ทำの使い方

　ทำは「作る」とともに「〜する」という意味もあり、英語のdo
と同じように動詞の代表として疑問文で使われることもあります
（第15課参照）。

มานี ทำ ยา　　　　マーニーは薬を作ります。
อา ทำ นา　　　　　おじさんは稲作をします。

4. 例文

ชูใจ ไป ดู รำ ไทย　　chuucay pay duu ram thay
　チューチャイはタイ舞踊を見に行きます。

เดชา ตี กา โต ไป　　deechaa tii kaa too pay

　デーチャーは大きなやかんを叩いていきます。

มานี กำ โบ ดำ　　maanii kam boo dam

　マーニーは黒いリボンを握ります。

มี ปู ดำ ใน นา ตา　　mii puu dam nay naa taa

　おじいさんの田んぼの中に黒い蟹がいます。

อา ชูใจ เท ยา ดำ　　ʔaa chuucay thee yaa dam

　チューチャイのおじさんは黒い薬を注ぎます。

ใน กา มี ปู โต　　nay kaa mii puu too

　やかんの中には大きな蟹がいます。

ตา มานี ดีใจ　　taa maanii diicay

　マーニーのおじいさんはうれしいです。

เดชา　มา ไว ไว　　deechaa　maa way way

　デーチャー、早く来なさい。

มา ดู ปู โต ใน รู　　maa duu puu too nay ruu

　穴の中の大きな蟹を見に来なさい。

ตา ชูใจ ทำ นา　　taa chuucay tham naa

　チューチャイのおじいさんは稲作をします。

5. 練習

❶ 次のタイ語を読んでみましょう。

　1 เดชา ไป ดู ปู ใน นา

　2 อา ชูใจ ตี กา ดำ โต

3 ใน กา ดำ มี ยา ดำ

4 ตา มานี ปา โบ ดำ ไป

5 ตา เดชา มา ดู รำ ไทย

6 อา ชูใจ ดีใจ

7 มี ปู โต ใน นา อา

8 มานี ไป ทำ ยา ดำ

9 ไป ทา ยา ดำ ไว ไว

10 กา ดำ ตี ปู โต ใน นา

❷ 次の発音記号をタイ文字に直しましょう。

1　taa chuucay thee yaa dam pay

2　kaa dam pay tii puu too nay naa

3　nay kaa too mii yaa dam

4　maanii pay duu ram thay

5　ʔaa deechaa diicay

6　mii puu dam nay naa taa

7　kɛɛ thaa yaa dam nay kaa too

8　maanii　　maa duu kaa way way

9　taa deechaa pay duulɛɛ chuucay

10　nay naa ʔaa mii puu dam too

❸ 次の文章をタイ語に直しましょう。

1　デーチャーの田んぼの中には黒い蟹がいます。

2　マーニーのおじさんは稲作をします。

3　デーチャー、早く黒い薬を塗りに行きなさい。

4　チューチャイのおじいさんは大きなリボンを作っていきます。
5　穴の中に大きな黒い蟹がいます。
6　マーニーのおじさんはタイ舞踊を見てきました。
7　デーチャーは黒いカラスを叩きに行きます。
8　黒い蟹は大きな目をしています。
9　チューチャイのおじいさんはうれしいです。
10　マーニーのおじさんはチューチャイのリボンを握ります。

コラム①　ใを使った単語

先に説明したように、**ใ**を使う単語は20しかありません。この数はアユッタヤー時代から変わっていないようで、新しい外来語を表記する際には必ず**ไ**が使われることから、今後もこの数に変化はないものと思われます。タイの子供たちはこの20の単語をすべて覚えさせられますが、重要なものから順に覚えていけば構いません。ただし、この課で出てくる「中」(**ใน**)、「チューチャイ」に用いられている「心」(**ใจ**)、「大きい」(**ใหญ่** yày)、「新しい」(**ใหม่** mày)、「誰」(**ใคร** khray) など、基本的な単語もかなり含まれています。これらを覚えるのは昔から大変だったようで、タイで最古のタイ語の教科書『如意宝珠』(**จินดามณี** cindaamanii) にも、以下のような20単語を用いた韻文が載せられています。

◎ ใผ่ใจแลให้ทาน　　ทังนอกในแลใหม่ใส
ใครใคร่แลยองใย　　อันใดใช้แลใหลหลง
◎ ใส่กลสใภ้ใบ้　　ทังใต้เหนือแลใหญ่ยง
ใกล้ใบแลใช่จง　　ญี่สิบม้วนคือวาจา

(ไม้ม้วน ๒๐ คำ)

第4課
マーニーはチューチャイを連れていきます
มานี พา ชูใจ ไป

文字：低子音と高子音・長母音記号①・真性二重子音
文法：「連れる」「要る、（持って）いく」

1. 新出文字・記号

低子音	ค	khɔɔ khwaay	พ	phɔɔ phaan	ฟ	fɔɔ fan
高子音	ข	khɔ̌ɔ khày	ส	sɔ̌ɔ sʉ̌a		
母音記号	เ□า	aw				

この課から高子音が出てきます。最初に説明したように、高子音は中子音や低子音とは異なり、上声の声調を持っています。このため、長母音記号（複合母音、二重母音を含む）を組み合わせた時にできる音も上声になります。これまでのようにすべての単語が平声とはなりませんので注意してください。

ここで二重子音の説明をしておきます。タイ語には、子音が2つ並び発音もいわゆる二重子音として発音する真性二重子音と、子音が2つ並ぶものの二重子音として発音しない疑似二重子音の2種類があります。ここでは真性二重子音に限定します（疑似二重子音は第20課を参照）。

　タイ語の真性二重子音は音の組み合わせが非常に少ない点が特徴です。1番目の音はk、p、t（kh、ph含む）、2番目の音はr、l、wに限定され、しかも表のようにパターンは6通りしかありません。

		1番目の子音		
		k, kh	p, ph	t
2番目の子音	r	○	○	○
	l	○	○	
	w	○		

　例えば、最初に**ก**が来る場合**กร**、**กล**、**กว**の3つは真性二重子音となりますが、**ป**の場合は**ปร**、**ปล**のみが真性二重子音となり、**ต**の場合は**ตร**のみが真性二重子音ということになります。なお、最初に来る子音がkとpの場合は、低子音や高子音でも構いません。この表に当てはまらない音の子音が並んでいる場合は、ほとんどが疑似二重子音となります。

　なお、このような真性二重子音の場合、1番目の子音のグループと2番目の子音のグループが異なる可能性がありますが、常に1番目の子音と同じグループとして扱います。

　二重子音は必ずペアで用い、母音記号を間に挟み込まないようにしてください。なお、上下に母音記号が来る場合は2番目の子音の上下に置きます。

ปลา　　ปลี　　ปลู　　เปล　　ไปล　　เปลา

　最後のものは2音節で**เป-ลา**とも読めますが、真性二重子音となる子音が並んでいる場合は原則として1音節、すなわち真性二重子音として発音してください。

2. 単語

ขา	khǎa	脚	พา	phaa	連れる
เขา	khǎw	彼（女）、山	ปลา	plaa	魚
สี	sǐi	色、塗料	ไฟ	fay	火、明かり
ไกล	klay	遠い	เทา	thaw	灰色
ครู	khruu	先生	เสา	sǎw	柱
สาเก	sǎakee	日本酒	สาโท	sǎathoo	どぶろく
เอา	ʔaw	要る、持って（いく）			
เตา	taw	コンロ			

3. 用例

❶ พาの使い方

　พาは通常は方向副詞の**ไป**、**มา**と一緒に「**พา〜ไป**（〜を連れていく）」、「**พา〜มา**（〜を連れてきた）」のように使います。

> **มานี พา ชูใจ ไป**
> マーニーはチューチャイを連れていきます。
> **เดชา พา อา มา**
> デーチャーはおじさんを連れてきました。

さらに、この後の動作を続けると以下のような文章も作れます。

มานี พา ชูใจ ไป ทำ ยา

マーニーはチューチャイを連れて薬を作りにいきます。

　この場合、直訳すると「マーニーはチューチャイを連れていって薬を作ります」となりますが、上のように訳したほうが分かりやすいでしょう。

❷ เอาの使い方

　เอาは単独で使うと「要る」という意味になりますが、方向副詞のไป、มาと一緒に使うと、「เอา〜ไป（〜を持っていく）」、「เอา〜มา（〜を持ってきた）」の意味となります。

ชูใจ เอา เสา ไป	チューチャイは柱を持っていきます。
เดชา เอา ปู มา	デーチャーは蟹を持ってきました。

　この文型は上記のพาを使った文章と同じ形になります。この後に続く動作を続けることができるのも同じです。

มานี เอา เสา มา ทา สี เทา

マーニーは柱を持って灰色に塗りに来ます。

❸ สาเกとสาโท

　สาเกは日本語の「酒」が語源で、日本酒のことを指します。いわゆる一般の酒は**เหล้า**(lâw)と言いますので、正確には**เหล้าสาเก**となります。通常日本語をタイ語で表記する場合には高子音は使わないのですが、**สาเก**の場合は同名の木があることと、どぶろくを意味する**สาโท**とも語呂が似ていうことからこのように呼ばれるようになったものと考えられます。

4. 例文

อา ชูใจ พา มานี ไป　ʔaa chuucay phaa maanii pay
　チューチャイのおじさんはマーニーを連れていきます。

เดชา เอา สาโท มา　deechaa ʔaw sǎathoo maa
　デーチャーはどぶろくを持ってきました。

มานี พา ตา ชูใจ มา　maanii phaa taa chuucay maa
　マーニーはチューチャイのおじいさんを連れてきました。

ครู เอา ยา มา ทา ขา ชูใจ

khruu ʔaw yaa maa thaa khǎa chuucay

　先生が薬を持ってチューチャイの足に塗りに来ます。

ตา เดชา พา เขา ไป ไกล

taa deechaa phaa khǎw pay klay

　デーチャーのおじいさんは彼を連れて遠くに行きます。

ชูใจ เอา ยา สี เทา　　chuucay ʔaw yaa sǐi thaw
　チューチャイは灰色の薬が必要です。

ครู มา ดูแล มานี　　　khruu maa duulɛɛ maanii

先生はマーニーの面倒を見に来ます。

มี กา โต สี ดำ ใน เขา

mii kaa too sǐi dam nay khǎw

山の中に黒色の大きなカラスがいます。

ตา เดชา เท สาเก ใน กา

taa deechaa thee sǎakee nay kaa

デーチャーのおじいさんはやかんの中の日本酒を注ぎます。

เขา พา ชูใจ ไป ดู ปู สี เทา โต

khǎw phaa chuucay pay duu puu sǐi thaw too

彼はチューチャイを連れて大きな灰色の蟹を見にいきます。

5. 練習

❶ 次のタイ語を読んでみましょう。

1　เดชา พา มานี มา ดู ปู โต

2　เขา เอา ปลา สี เทา ไป

3　ครู พา อา ไป ดู สาเก ใน กา

4　ตา มานี เอา เสา สี ดำ

5　ใน เตา สี เทา มี ไฟ

6　อา ชูใจ พา ครู ไป ดู รำ ไทย

7　มี ปลา โต ดำ ใน นา อา

8　แก ไป ดู กา สี เทา ใน เขา

9　มานี เอา โบ สี เทา มา

10　ตา เดชา เอา เสา สี ดำ ไป

❷ 次の発音記号をタイ文字に直しましょう。

1　ʔaa maanii phaa khǎw pay duu puu dam nay ruu

2　mii fay nay taw sǐi dam

3　chuucay ʔaw yaa pay thaa khǎa deechaa

4　taa maanii pay duu plaa sǐi dam nay naa ʔaa

5　deechaa phaa khǎw pay kam puu nay ruu

6　khruu ʔaw kaa sǐi dam maa thee sǎathoo

7　taa chuucay phaa maanii pay klay

8　nay naa ʔaa mii plaa sǐi thaw too

9　taa deechaa pay duu sǎw sǐi dam

10　chuucay thee yaa sǐi dam nay kaa

❸ 次の文章をタイ語に直しましょう。

1　マーニーのおじいさんはチューチャイを連れてきました。

2　デーチャーはコンロを持って黒色に塗りに行きます。

3　先生がおじさんの田んぼの中の蟹を見ます。

4　チューチャイのおじいさんはやかんの中の日本酒を注ぎに行きます。

5　大きな黒色のコンロの中には火があります。

6　マーニーは灰色のリボンを持ってタイ舞踊を見に行きます。

7　彼はチューチャイを連れて遠くに来ました。

8　デーチャーのカラスは田んぼの中の魚を叩きます。

9　大きな黒色のやかんの中にはどぶろくがあります。

10　マーニーのおじさんは灰色の柱を持ってきました。

第5課
デーチャーはマーニーを訪ねていきます
เดชา ไป หา มานี

> 文字：低子音と高子音・長母音記号②
> 文法：「探す・訪ねる」「（手に）持つ」「～を下さい」

1. 新出文字・記号

低子音	ง	ŋɔɔ ŋuu	ซ	sɔɔ sôo		
高子音	ถ	thɔ̌ɔ thǔŋ	ห	hɔ̌ɔ hìip		
母音記号	□ือ	ɯɯ	เ□อ	əə	□อ	ɔɔ

子音のอは母音記号のパーツとして使われることもあります。このため、頭子音としてのอと母音記号としてのอが並ぶことがあります。

อือ ʔɯɯ　　เออ ʔəə　　ออ ʔɔɔ

2. 単語

หา	hǎa	探す、訪ねる	งู	ŋuu	蛇
ถู	thǔu	磨く、擦る	เซ	see	よろける
ไห	hǎy	甕	เหา	hǎw	シラミ

ถือ	thʉ̌ʉ	手に持つ	**รอ**	rɔɔ	待つ
มือ	mʉʉ	手、掌	**ขอ**	khɔ̌ɔ	乞う
คอ	khɔɔ	首	**พอ**	phɔɔ	十分な
พอใจ	phɔɔcay	満足な	**เรา**	raw	私たち
เจอ	cəə	会う、見つける			

3. 用例

❶ หาの使い方

หาは単独で使うと「探す」という意味になりますが、**ไป หา**、**มา หา**と並べると「訪ねていく」、「訪ねてくる」という意味になります。「**ไป**〜、**มา**〜」で「〜しに行く、〜しに来る」と通常訳しますが、この場合は「訪ねに行く／来る」よりも「訪ねていく／くる」と訳したほうが良いでしょう。

เดชา ไป หา มานี　デーチャーはマーニーを訪ねていきます。

เรา มา หา ตา　私たちはおじいさんを訪ねてきました。

なお、方向副詞の**ไป**、**มา**を末尾に付けると、「探していく」、「探してきた」の意味になります。

ชูใจ หา กา ไป

チューチャイはカラスを探していきます。

❷ ถือ の使い方

　ถือ は「手に持つ」という意味で、携えている状態のことを指します。このため、単なる所有を意味する มี との言い換えはできません。なお、この後に方向副詞を付けると เอา～ไป／มา と同じような文章が作れます。

มานี ถือ ยา ไป ทา ขา ตา

マーニーは薬を持っておじいさんの足に塗りに行きます。

❸ ～を下さい／～させてください

　ขอ は本来の意味は「乞う」という動詞ですが、通常「ขอ＋名詞」で「～を下さい」という意味で用いられます。なお、「เอา＋名詞」でも同様の意味となり、日常会話では後者の方がよく用いられます。

ขอ ยา ดำ	黒い薬を下さい。
เอา ยา สี เทา	灰色の薬を下さい。

　また、「ขอ＋動詞」で「～させてください」という許可を求める言い方になります。「～してください」と相手に依頼するのではなく、自分が行なうことを相手に認めてもらう意味なので、間違えないようにしてください。相手に依頼する時には ช่วย という語を用います（第12課参照）。

ขอ ไป	行かせてください。	ขอ ดู	見せてください。

❹ เจอの使い方

เจอは「会う、見つける」という意味ですが、基本は目的語が人の場合が「会う」、ものの場合は「見つける」となります。

มานี เจอ เดชา　マーニーはデーチャーに会います。
ชูใจ เจอ ปู　チューチャイは蟹を見つけます。

また、**หา**を前に付けると、「探して見つける」という意味になります。単に**เจอ**というよりも強調した言い方です。

ชูใจ หา เจอ ปู　チューチャイは探して蟹を見つけました。

4. 例文

อา มานี มา หา ชูใจ　ʔaa maanii maa hǎa chuucay
マーニーのおじさんはチューチャイを訪ねてきます。

เดชา ไป หา ตา มานี　deechaa pay hǎa taa maanii
デーチャーはマーニーのおじいさんを訪ねていきます。

เรา หา เสา สี เทา มา　raw hǎa sǎw sǐi thaw maa
私たちは灰色の柱を探してきました。

ชูใจ ถือ ปลา ไป หา ครู　chuucay thɯ̌ɯ plaa pay hǎa khruu
チューチャイは魚を持って先生を訪ねていきます。

เดชา ขอ ยา สี ดำ　deechaa khɔ̌ɔ yaa sǐi dam
デーチャーは黒い薬をほしがっています。

ครู มานี รอ อา ชูใจ　khruu maanii rɔɔ ʔaa chuucay

マーニーの先生はチューチャイのおじさんを待ちます。

เดชา หา เจอ งู ดำ ใน รู

deechaa hǎa cəə ŋuu dam nay ruu

デーチャーは探して穴の中の黒蛇を見つけました。

เดชา พอใจ　deechaa phɔɔcay

デーチャーは満足です。

ขอ ไป ดู กา โต ใน เขา　khɔ̌ɔ pay duu kaa too nay khǎw

山の中の大きなカラスを見に行かせてください。

มานี กำ โบ ดำ ใน มือ　maanii kam boo dam nay mɯɯ

マーニーは手の中に黒いリボンを握っています。

5. 練習

❶ 次のタイ語を読んでみましょう。

1 มานี พา เดชา ไป หา ชูใจ
2 เดชา ถือ ยา สี เทา ไป
3 ตา ชูใจ ขอ ยา สี เทา
4 ตา ชูใจ ฤๅ ขา
5 อา เดชา พา มานี ไป ดู เขา
6 ใน เขา มี งู สี ดำ โต
7 เดชา หา เจอ งู ดำ ใน รู
8 เดชา พอใจ
9 ขอ ดู งู ใน รู
10 มา ดู งู สี ดำ ใน รู ไว ไว

❷ 次の発音記号をタイ文字に直しましょう。

1 mii ŋuu sǐi dam nay khǎw

2 ʔaa thǔɯ puu maa hǎa taa maanii

3 taa phaa chuucay pay hǎa khǎw

4 maanii ʔaw hǎy sǐi thaw maa thee sǎakee

5 ʔaa deechaa see pay see maa

6 nay mɯɯ khruu mii puu dam too

7 khɔ̌ɔ thaa yaa sǐi thaw nay hǎy

8 chuucay phaa ʔaa pay duu ŋuu dam nay ruu

9 taa deechaa khɔ̌ɔ sǎathoo

10 ʔaa maanii thǔu khɔɔ chuucay

❸ 次の文章をタイ語に直しましょう。

1 マーニーのおじさんはコンロを持って薬を作りに来ます。

2 デーチャーは探して灰色の柱を見つけました。

3 黒いどぶろくの甕の中には日本酒があります。

4 私たちはチューチャイを連れて山の中の大きなカラスを見に行きます。

5 田んぼの中の大きな蛇を見せてください。

6 マーニーのおじさんは手の中に大きなシラミを握っています。

7 デーチャーは薬を持ってマーニーの足に塗りに行きます。

8 チューチャイのおじいさんは大きな灰色の魚をほしがっています。

9　マーニーはチューチャイのおじさんを待ちます。

10　黒色のカラスは穴の中の大きな蛇を見つけます。

コラム②　มานี と ชูใจ

　この本に出てくる**มานี**や**ชูใจ**は、現在タイで一般的な人の名前とは異なり、短く単純な音の名前です。実在の**มานี**や**ชูใจ**に会うことはなかなかありませんが、ある年代以上の人には懐かしい名前です。実は、**มานี**や**ชูใจ**はかつてタイの小学校の国語（タイ語）の教科書に必ず登場する人名でした。教育省が出していた小学校１年生の国語の教科書は、この本と同じように新出文字や新出記号を徐々に出していく形態を取っていたので、綴りが単純な**มานี**や**ชูใจ**は最初に出てくる重要な登場人物でした。ちなみに、**กา**、**ปู**、**ตา**などもこの教科書では最初に出てくるので、**มานี　มี　ตา**のような文章は、昔のタイの子供たちが一番最初に勉強した文章と同じなのです。ちなみに、下の教科書の挿絵では、左が**มานี**、右が**ชูใจ**です。現在**มานี**や**ชูใจ**に会うことはほとんどありませんが、「太郎くん」「花子さん」のように昔の教科書で定番だった名前なのです。

ชูใจ ก็ ดีใจ
มานี มา หา ชูใจ ไว ไว

第6課

チューチャイは脚をなめる虎を見ます

ชูใจ ดู เสือ เลีย ขา

文字：低子音と高子音・長母音記号③
文法：「誰ですか」、関係代名詞の省略、「～してみる」

1. 新出文字・記号

低子音	ฮ	hɔɔ nókhûuk				
高子音	ฉ	chɔ̌ɔ chìng	ผ	phɔ̌ɔ phɯ̂ŋ	ฝ	fɔ̌ɔ fǎa
母音記号	เ□ีย	ia	เ□ือ	ɯa	□ัว	ua

以上3つの母音記号は二重母音です。子音のอと同様に、ย、วも母音記号のパーツとして使われることもあります。このため、頭子音と母音記号のパーツが並ぶことがあります。

เยีย yia　　เอือ ʔɯa　　วัว wua

2. 単語

ฝา	fǎa	ふた	ฝีมือ	fǐimɯɯ	腕前
ใคร	khray	誰	แฉ	chɛ̌ɛ	シンバル
เลีย	lia	なめる	เผา	phǎw	焼く

เมีย	mia	妻	เกลือ	klɯa	塩
เสือ	sɯ̌a	虎	กลัว	klua	怖がる
ครัว	khrua	台所	ผัว	phǔa	夫
หัว	hǔa	頭	เฮฮา	heehaa	騒がしい
วัว	wua	牛	บัว	bua	蓮

3. 用例

❶ 疑問詞ใคร

ใครは「誰」という疑問詞です。訪ねる相手によって主語の位置に付いたり目的語の位置に付いたりします。

เดชา ตี ใคร デーチャーは誰を叩いたのですか？
ใคร ตี มานี 誰がマーニーを叩いたのですか？

答える時は**ใคร**の位置に答えを入れます。

เดชา ตี ชูใจ デーチャーはチューチャイを叩きました。
เดชา ตี มานี デーチャーがマーニーを叩きました。

なお、他の疑問詞と一緒に用いたり、否定文の目的語に**ใคร**が入ったり、**ก็**が後に続いたりすると、疑問の意味ではなく「誰か、誰も」という意味になります。これは「何（**อะไร**）」という疑問詞と同じです（第14課参照）。

❷ 関係代名詞の省略

動詞の連続以外で、文中に動詞が2つ出てくる場合、2番目の動詞は直前の名詞（目的語／補語）の説明をしています。本来は目的語／補語と2番目の動詞の間には関係代名詞 **ที่**（thîi）が入りますが、省略することもできます（第10課参照）。

มานี รอ อา (ที่) เอา ปู มา

マーニーは蟹を持ってくるおじさんを待ちます。

この場合、日本語訳は「マーニーはおじさんが蟹を持ってくるのを待ちます」としたほうが自然になります。また、「**มานี รอ อา**（マーニーはおじさんを待ちます）」と「**อา เอา ปู มา**（おじさんは蟹を持ってきます）」という2つの文を1つに統合したものと考えることもできます。

ただし、主語に関係代名詞がある場合は省略することはできません。

อา ที่ เอา ปลา มา รอ มานี

魚を持ってきたおじさんはマーニーを待ちます。

❸ ～してみる

「～してみる」という構文は、正確には「主語＋**ลอง**＋動詞＋目的語＋**ดู**」となります。しかし、最初の**ลอง**　(lɔɔŋ)は省略可能のため、平叙文の最後に**ดู**が付いただけの形にもなります。

เดชา (ลอง) เลีย เกลือ ดู デーチャーは塩をなめてみます。

❹ ผัวとเมีย

ผัวと**เมีย**はそれぞれ「夫」と「妻」という語で、2つ並べると「夫婦」になります。どちらも口語で、文語ではそれぞれ**สามี**（sǎamii）、**ภรรยา**（phan-rayaa）となります（第24課参照）。

ผัว เมีย ไป ดู เสือ　夫婦は虎を見に行きます。

4. 例文

อา มานี กลัว ใคร　ʔaa maanii klua khray

マーニーのおじさんは誰を怖がりますか？

ผัว เมีย มา ทำ ปลา เผา　phǔa mia maa tham plaa phǎw

夫婦は焼魚を作りに来ました。

ชูใจ ดู เสือ โต เลีย ขา　chuucay duu sɯ̌a too lia khǎa

チューチャイは脚をなめる大きな虎を見ます。

ตา เดชา ตี แฉ ไป　taa deechaa tii chɛ̌ɛ pay

デーチャーのおじいさんはシンバルを叩いていきます。

มานี เลีย เกลือ ดู ใน ครัว　maanii lia klɯa duu nay khrua

マーニーは台所の中で塩をなめてみます。

ชูใจ รอ ครู ถือ ใบ บัว มา

chuucay rɔɔ khruu thɯ̌ɯ bay bua maa

チューチャイは蓮の葉を持ってくる先生を待ちます。

ตา มานี มี ฝีมือ ดี　taa maanii mii fĭimɯɯ dii

マーニーのおじいさんは良い腕前です。

เดชา กลัว เสือ เลีย หัว กา

deechaa klua sʉ̌a dam lia hŭa kaa

デーチャーはカラスの頭をなめる虎を怖がります。

ผัว เมีย มา หา ใคร　phŭa mia maa hăa khray

夫婦は誰を訪ねてきましたか？

มานี เจอ ตา เดชา ถู ขา วัว

maanii cəə taa deechaa thŭu khăa wua

マーニーは牛の脚を擦っているデーチャーのおじいさんに会いました。

5. 練習

❶ 次のタイ語を読んでみましょう。

1 ผัว เมีย ไป หา ตา มานี
2 ผัว เมีย ถือ ปลา สี เทา มา
3 ตา มานี หา เกลือ ใน ครัว
4 เขา เจอ เกลือ ใน กา สี ดำ
5 มานี รอ ตา ทำ ปลา เผา
6 มานี พา ผัว เมีย ไป ดู วัว ใน นา
7 ใน นา ตา มี วัว สี เทา
8 มานี ถู หัว วัว ดู
9 มานี เจอ เสือ โต ใน เขา
10 ใคร กลัว เสือ โต เลีย ขา

❷ 次の発音記号をタイ文字に直しましょう。

1 ʔaa deechaa tii chɛ̌ɛ sǐi dam
2 maanii phaa phǔa mia maa duu wua lia khǎa
3 chuucay klua sɯ̌a too nay khǎw
4 taa deechaa lia klɯa duu
5 ʔaa maanii thǔu hǔa khray
6 chuucay thɯ̌ɯ plaa maa tham plaa phǎw
7 taa deechaa mii fǐimɯɯ dii
8 mia rɔɔ phǔa phaa chuucay maa
9 ʔaa maanii khɔ̌ɔ yaa thaa hǔa
10 chuucay hǎa cəə fǎa kaa nay taw

❸ 次の文章をタイ語に直しましょう。

1 マーニーは脚をなめる虎を怖がります。
2 デーチャーのおじいさんは台所の中で塩を見つけます。
3 夫婦は焼魚を作ってきました。
4 チューチャイは牛の頭を擦ってみます。
5 誰がやかんのふたを持って投げに行ったのですか？
6 マーニーの先生は大きなシンバルを叩きに行きます。
7 デーチャーはどぶろくの甕を持ってくるおじいさんを待ちます。
8 チューチャイは探して穴の中の大きな蛇を見つけました。
9 夫は妻を連れて田んぼの中の蛇の穴を見に行きます。
10 マーニーのおじいさんは良い腕前です。

第7課
マーニーは焼魚を作ることができます
มานี ทำ ปลา เผา ได้

文字：中子音と声調記号
文法：類別詞、「いくつありますか」「～できる」

1. 中子音と声調記号

タイ語の単語の基本構造は頭子音＋母音記号ですが、これに声調記号と末子音が付く場合もあります。この課から第9課まで声調記号の使い方を学びます。これを付けることで声調を自由に変えることができるようになります。タイ語には以下の4つの声調記号があります。

第1記号	第2記号	第3記号	第4記号
ไม้ เอก	ไม้ โท	ไม้ ตรี	ไม้ จัตวา
máy ʔèek	máy thoo	máy trii	máy càttawaa

これらの声調記号は、原則として子音の右側の上方に付けます。とくに、子音の右側の棒が定型線より上に出ている場合と、母音記号が上に出ている場合は注意が必要です。

ป่า ฟ้า　右側の棒の上に載せずに左にずらす
กี่ เบื่อ　母音記号の右上に載せる

　声調記号は声調を変化させる役割を果たしますが、その変化は子音の3つのグループによって異なります。この課では中子音に声調記号を付ける場合を取り上げます。

　中子音の場合、声調は以下のように変化します。

	平声	低声	下声	高声	上声
中子音	กา	ก่า	ก้า	ก๊า	ก๋า

　中子音自体の声調は平声ですので、声調記号を付けないと長母音を組み合わせた場合は平声になりましたが、声調記号を第1から第4まで順に付けていくと、この表のように順に低声、下声、高声、上声と声調が変化していきます。この声調の順番は、最初に説明した声調を練習する際のmaa màa mâa máa mǎaのメロディーと同じになります。つまり、この声調練習のメロディーは、中子音に順番に声調記号を付けていく際の声調の変化を表していたのです。

　このように、中子音の場合は4つの声調記号をすべて用いて声調を変化させていきますが、実際には第3、第4記号を用いる単語はほとんどが英語か中国語由来の外来語であり、使用頻度は非常に低くなります。

2. 単語

ป้า	pâa	おばさん	แต่	tὲɛ	しかし
ป่า	pàa	森、野生の	กี่	kìi	いくつ
ไก่	kày	鶏	เตี้ย	tîa	低い
ได้	dây	得る、〜できる	เก้า	kâaw	9
เก่า	kàw	古い	เบื่อ	bɨ̀a	飽きる
ตั๋ว	tǔa	切符	เต่า	tàw	亀
ปู่	pùu	おじいさん（父の父）			
ตัว	tua	体、〜頭、匹、着			

เก้าは正確には**kâw**という発音ですが、**a**の音を長くして**kâaw**と発音します。

3. 用例

❶ 類別詞ตัว

日本語ではものを数える際に「1個、2個」のように助数詞を使いますが、タイでは類別詞というものを用います。日本語の助数詞と同様に数字と一緒に使うのですが、指示代名詞や形容詞とも一緒に使われることから、類別詞と呼ばれています。日本語の助数詞とは守備範囲が異なり、**ตัว**は動物全般に用いられるほか、服にも用いられる非常に幅の広い類別詞です。数を示す際には以下のように使います。

มี วัว เก้า ตัว   牛が9頭います。

また、形容詞と一緒の場合は、名詞と形容詞の間に類別詞を挟みます。

มี วัว ตัว โต   大きな牛がいます。

何のことか分かっている場合には、類別＋形容詞のみでも用いられます。

เอา ตัว ดำ   黒いのを下さい。

このように、名詞を省略して類別詞のみを用いることは、タイ語の特徴の1つであり、様々な場面で日常的に用いられています。

❷ いくつありますか？

ものの数を聞く場合には、กี่という疑問詞を使うと「いくつありますか？」という疑問文ができます。กี่は類別詞の直前の数字が入る場所に入れ、答える時にはกี่の場所に数字を入れます。

มี ปลา กี่ ตัว   魚は何匹いますか？
มี ปลา เก้า ตัว   魚は9匹います。

❸ 可能表現ได้

ได้は単独で動詞として使うと「得る」という意味になりますが、「〜することができる」という助動詞にもなります。平叙文（主語＋動詞＋目的語）の末尾にได้を付けることになりますので、主語と動詞の間に入る通常の助動詞とは異なる点に気を付けてください。

มานี ทำ ปลา เผา ได้

マーニーは焼魚を作ることができます。

この場合、ได้の発音はdâayとaを長く発音します。なお、正式には本来の助動詞の位置にสามารถを入れ、สามารถ〜ได้と言う形になります（第24課参照）。

また、日常会話においては「〜していい」という意味で「動詞＋ได้」、もしくはได้のみ用いられます。この場合、疑問詞はไหมを用いるのが普通です（第14課参照）。

一方、通常の助動詞と同じく主語と動詞の間に入る場合もあります。この場合は「〜する機会があった」という過去の意味になります。とくに否定形で、「〜する機会がなかった」という意味で使うことが多いです（第9課参照）。

ชูใจ ได้ ดู งู ใน รู

チューチャイは穴の中の蛇を見る機会がありました。

4. 例文

ป้า ชูใจ มี เต่า กี่ ตัว　pâa chuucay mii tàw kìi tua

チューチャイのおばさんは何匹亀を持っていますか？

ผัว เมีย เบื่อ ปลา เผา　phŭa mia bùa plaa phăw

夫婦は焼魚に飽きました。

มานี ได้ ฝา กา เก่า ใน ครัว

maanii dây făa kaa kàw nay khrua

マーニーは台所の中で古いやかんのふたを手に入れました。

ปู่ เดชา หา เจอ ตั๋ว　pùu deechaa hăa cəə tŭa

デーチャーのおじいさんは探して切符を見つけました。

อา ชูใจ ตี หัว เสือ ได้　ʔaa chuucay tii hŭa sŭa dâay

チューチャイのおじさんは虎の頭を叩くことができました。

ใน ป่า มี วัว ตัว เตี้ย เก้า ตัว

nay pàa mii wua tua tîa kâaw tua

森の中に背の低い牛が9頭います。

ป้า ถือ ขา ไก่ ป่า มา เผา

pâa thŭɯ khăa kày pàa maa phăw

おばさんは野生の鶏の脚を持って焼きに来ます。

ใน รู มี งู ตัว ดำ เก้า ตัว

nay ruu mii ŋuu tua dam kâaw tua

穴に中に黒い蛇が9匹います。

อา ชูใจ เอา เสา เตี้ย มา ทำ ครัว

ʔaa chuucay ʔaw săw tîa maa tham khrua

チューチャイのおじさんは低い柱を持って台所を作りに来ます。

มานี เจอ เสือ ตัว ดำ กี่ ตัว

maanii cəə sʉ̌a tua dam kìi tua

マーニーは黒い虎を何頭見つけましたか？

5. 練習

❶ 次のタイ語を読んでみましょう。

1 มานี ไป หา เดชา ใน ป่า
2 มานี ดู ไก่ ตัว ดำ ใน ป่า
3 เดชา มี ไก่ ป่า กี่ ตัว
4 เขา มี ไก่ ป่า เก้า ตัว
5 มานี หา เกลือ ใน ครัว
6 มานี เจอ เตา เก่า ใน ครัว
7 มานี เอา เตา ไป ทำ ไก่ เผา
8 แต่ เดชา เบื่อ ไก่ ป่า เผา
9 มานี หา เจอ ปลา ใน นา ป้า
10 มานี ทำ ปลา เผา ได้

❷ 次の発音記号をタイ文字に直しましょう。

1 pâa deechaa pay duu sʉ̌a tua too nay pàa
2 maanii cəə tàw tua dam kìi tua
3 ʔaa chuucay bʉ̀a kày phǎw
4 pùu deechaa dây plaa tua too kâaw tua
5 phʉ̌a rɔɔ mia tɛ̀ɛ cəə pâa maanii

6 chuucay thʉ̌ʉ yaa pay thaa khǎa taa dâay

7 nay pàa mii wua tîa kìi tua

8 pâa maanii hǎa cəə tǔa kàw

9 deechaa dây rɔɔ maanii kâaw pii

10 khray pay tii hǔa ŋuu tua too dâay

❸ 次の文章をタイ語に直しましょう。

1 チューチャイのおじさんは焼き蟹を作ることができます。

2 マーニーのおじいさんは背の低い牛を何頭持っていますか？

3 デーチャーは大きな黒い虎を見ることができました。

4 おばさんは魚を9匹持って焼魚を作りに行きます。

5 夫婦は森の中へ牛を探しに行きましたが、虎を見つけました。

6 マーニーのおじさんはどぶろくに飽きました。

7 デーチャーのおばさんは古いやかんのふたを手に入れました。

8 チューチャイは探して灰色の切符を見つけました。

9 マーニーのおじさんは山の中で野生の鶏9羽を見ます。

10 カラスは大きな牛の頭を叩くことができます。

コラム③　切れ目が見えにくいタイ語の文章

第3課で説明したように、タイ語は単語と単語の間を空けませんし、句読点も通常は打ちません。このため、通常のタイ語を読む時にまず困ることは、どこまでが1つの単語なのかを見極めること、すなわち単語と単語の切れ目を探すことだと思います。例えば、もし**มานี**という単語を知らないで**มา**と**นี**に分けてしまうと、**มา**は「来る」という意味だとすぐに分かるでしょうが、**นี**という単語は辞書を引いても出てこないため、結局全体の意味が分からなくなってしまいます。何音節もある長くて難しい単語になると、普段見かけることもないのでなおさら切れ目が分からなくなります。このため、語彙を増やして、自分の知っている単語をタイ文字の羅列の中からいくつも「発見」できるようにすることが、タイ語の文章を読む際には重要となります。

また、文章の間の切れ目の意味を摑むことも重要です。文の切れ目と意味の切れ目には必ず隙間がありますが、どの隙間が何の役割を果たしているのかは読んでみないと分かりません。下の例文では、文の切れ目と節の切れ目の隙間には差が全くなく、省略記号（**ฯ**）の後の隙間も同じ幅になっています。これを読み取るためには、隙間の直後に出てくる接続詞の働きをする単語に着目する必要があります。

๓๒ ● อิจิโร คากิซากิ

อัตราส่วนต่ำกว่าการส่งออก ก็เพราะยังมีการส่งออกไม้สักไปตามลำน้ำสาละวิน
เนื่องจากไม่มีวิธีอื่นใดที่จะส่งไม้ลงไปยังกรุงเทพฯ ได้อีก ตราบเท่าที่ยังไม่มีการสร้าง
ทางรถไฟป่าไม้ ภาคเหนือที่เคยมีความสัมพันธ์ทางเศรษฐกิจกับมะละแหม่งมา
นานแล้ว จึงคลายความสัมพันธ์ลง เมื่อทางรถไฟสายเหนือได้ทำหน้าที่กระชับความ
สัมพันธ์ทางเศรษฐกิจระหว่างเชียงใหม่กับกรุงเทพฯ ให้มากขึ้น ภาคเหนือจึงกลาย
เป็นพื้นที่บริวารของกรุงเทพฯ อย่างแท้จริง ทั้งยังได้ขยายพื้นที่บริวารออกไปยัง
ด้านตะวันออกของรัฐฉานและด้านเหนือของประเทศลาวด้วย

๓-๒ กรณีภาคอีสาน-การรักษาการหมุนเวียนสินค้ากับกรุงเทพฯ

ภาคอีสานรวมทั้งฝั่งซ้ายแม่น้ำโขง หรือประเทศลาว เคยเป็นพื้นที่บริวาร
ของกรุงเทพฯ มาก่อน ทั้งที่มีการเชื่อมโยงถึงกันได้โดยเส้นทางคมนาคมทางบกที่
มีเงื่อนไขการขนส่งที่เลวร้ายเท่านั้น จึงมีโอกาสที่จะเปลี่ยนแปลงความสัมพันธ์
ระหว่างเมืองท่ากับพื้นที่บริวารได้โดยง่าย หากมีการปรับปรุงเส้นทางคมนาคม

第8課
デーチャーはマーニーに見に行かせます
เดชา ให้ มานี ไป ดู

文字：高子音と声調記号
文法：「もし」「〜も」「与える、〜させる」

1. 高子音と声調記号

高子音に声調記号を付けると、声調は以下のように変化します。

	平声	低声	下声	高声	上声
高子音		ข่า	ข้า		ขา

高子音は上声の声調を持っているので、声調符号を付けない場合にできる音は上声となります。第1記号を付けると低声、第2記号を付けると下声になるのは中子音の場合と同じですが、第3記号と第4記号は使いません。このため、高子音では平声と高声の声調は作れないことになります。

2. 単語

ถ้า	thâa	もし	ผ้า	phâa	布
ห้า	hâa	5	สี่	sìi	4

เข้า	khâw	入る	ใส่	sày	入れる、着る
ไข่	khày	卵	ถั่ว	thùa	豆
ให้	hây	与える、～させる	เสื่อ	sɯ̀a	ござ
เสื้อ	sɯ̂a	服	ก็	kɔ̂ɔ	～も、それで
เห่า	hàw	吠える	ต่อสู้	tɔ̀ɔsûu	闘う
ขู่	khùu	脅す	ถ้ำ	thâm	洞窟

3. 用例

❶ もし～ならば

ถ้าは「もし～ならば」という意味で、文頭に付けます。「もし～ならば」から始まる文には必ず受ける文が必要ですから、通常はก็を使って「ถ้า～ก็～」の形で結びます。

ถ้า มานี ไป　ชูใจ ก็ ไป

もしマーニーが行けば、チューチャイも行きます。

ถ้า เดชา ไป หา อา　ก็ ดี

もしデーチャーがおじさんを訪ねていくなら、良いです。

このก็は前半と後半の節の区切りの間に入れるのではなく、後半の節の主語と動詞の間に入ります。

❷ ก็の使い方

ก็は特殊な単語です。子音一文字のみで母音記号は存在せず、上

にタイ数字の8を小さくしたものが載っています。この๘は短母音記号のパーツとして後で出てきます。声調記号もありませんが、これでkɔ̂ɔと発音します。上のถ้า〜ก็〜のように複数の節がある場合に、2番目の節の主語と動詞の間に入るのが原則ですが、日常的には「〜も」、「それで」という意味でよく使われます。

มานี ดู ปู ชูใจ ก็ ดู ปู

マーニーは蟹を見ます。チューチャイも蟹を見ます。

เดชา เจอ เสือ ตัว โต ก็ กลัว เสือ

デーチャーは虎を見つけました。それで怖くなりました。

❸ ให้の使い方

ให้は多様な意味がある語です。通常の主語＋動詞＋目的語の動詞として用いる場合は「与える」という意味になります。

เดชา ให้ ยา デーチャーは薬を与えます。

主語と相手の間に**ให้**を置くと、「〜させる」という使役の助動詞になります。

この場合、語順は「主語＋**ให้**＋相手＋動詞」となります。

เดชา ให้ มานี ไป ดู

デーチャーはマーニーに見に行かせます。

動詞（及び目的語）の後ろに**ให้**を置くと、「〜してあげる」という意味にもなります。

อา ทำ ปลา เผา ให้

おじさんは焼魚を作ってあげます。

4. 例文

ถ้า ชูใจ ไป ดู เสือ　มานี ก็ ไป ดู

thâa chuucay pay duu sɯ̌a　maanii kɔ̂ɔ pay duu

もしチューチャイが虎を見に行くのなら、マーニーも見に行きます。

อา เดชา มี เสื้อ สี่ ตัว

ʔaa deechaa mii sɯ̂a sìi tua

デーチャーのおじさんは服を4着持っています。

ป้า ให้ ไข่ ไก่ สี เทา

pâa hây khày kày sǐi thaw

おばさんは灰色の卵を与えます。

ตา ให้ มานี ใส่ เสื้อ สี ดำ

taa hây maanii sày sɯ̂a sǐi dam

おじいさんはマーニーに黒い服を着せます。

ผัว เอา ปลา ตัว โต ห้า ตัว มา ให้ เมีย

phǔa ʔaw plaa tua too hâa tua maa hây mia

夫は大きな魚5匹を持ってきて妻にあげました。

เสือ ตัว ดำ เห่า มานี ใน เขา

sʉ̌a tua dam hàw maanii nay khǎw

山の中で黒い虎がマーニーに吠えます。

ป้า ถือ เสื่อ มา ปู ใน ครัว

pâa thʉ̌ʉ sʉ̀a maa puu nay khrua

おばさんはござを持って台所の中に敷きに来ます。

มี วัว ตัว เตี้ย ห้า ตัว เข้า ไป ใน ถ้ำ

mii wua tua tîa hâa tua khâw pay nay thâm

背の低い牛5頭が洞窟の中に入っていきます。

อา ชูใจ ต่อสู้ งู ตัว โต

ʔaa chuucay tɔ̀ɔsûu ŋuu tua too

チューチャイのおじさんは大きな蛇と闘います。

ถ้า มานี พา เดชา ไป　ก็ ดี

thâa maanii phaa deechaa pay　kɔ̂ɔ dii

もしマーニーがデーチャーを連れていってくれるなら、良いです。

5. 練習

❶ 次のタイ語を読んでみましょう。

1 เดชา ใส่ เสื้อ สี ดำ ไป หา มานี

2 มานี พา เดชา เข้า ป่า ใน เขา

3 มานี ถือ เสื่อ ไป ปู ใน ป่า

4 มานี ให้ เดชา ไป ดู งู ตัว โต ใน ถ้ำ

5 งู โต ห้า ตัว เห่า ขู่ เดชา

6 ถ้า เดชา กลัว งู　มานี ก็ กลัว

7 มานี ทำ ปลา เผา สี่ ตัว ให้ เดชา
8 เดชา หา ไข่ ไก่ สี เทา มา ให้ มานี
9 เดชา ให้ มานี ไป หา ปู ใน นา
10 มานี หา เจอ ปู ห้า ตัว ใน นา อา

❷ 次の発音記号をタイ文字に直しましょう。

1 maanii khâw pay duu sǔa hàw nay pàa
2 thâa deechaa pay ram thay　chuucay kɔ̂ɔ pay ram
3 phǔa hây mia pay tham plaa phǎw
4 pùu maanii sày sûa sǐi thaw maa hǎa pâa
5 ʔaa deechaa mii wua tîa hâa tua
6 chuucay thɯ̌ɯ phâa pay rɔɔ maanii
7 pâa ʔaw sɯ̀a maa puu nay khrua
8 thâa deechaa dây ŋuu tua too　kɔ̂ɔ phɔɔcay
9 taa maanii hǎa cəə khày kày nay khǎw
10 khray hây deechaa pay tii hǔa maanii

❸ 次の文章をタイ語に直しましょう。

1 もしデーチャーが灰色の服を着れば、満足でしょう。
2 マーニーはチューチャイに台所の中の塩を探しに行かせます。
3 森の中で大きな蛇5匹が虎と闘います。
4 デーチャーのおじいさんは黒いやかんの中に鶏卵を入れます。
5 マーニーは灰色の服を何着持っていますか？
6 夫は豆を持っていって妻にあげました。

7　おじさんは穴の中で4匹の大きな蟹を見つけました。

8　チューチャイはデーチャーに牛の首を磨かせます。

9　マーニーのおじいさんは灰色のござを洞窟の中に敷きます。

10　デーチャーのおばさんは黒い布を持ってきてデーチャーにあげます。

コラム④　タイ文字の字体

タイ文字にも様々な字体がありますが、とくに街中の看板などではかなり字体をデフォルメしたものが存在します。これらの文字ではタイ文字の特徴である丸が消えていることが多いので、活字体とは雰囲気がかなり異なります。しかしながら、タイ文字で極めて重要な丸の向きが判別するような配慮はしてあります。

例えば、下の看板の最上段は、**โปรโมชั่นพิเศษ**（proomoochân phísèet）と書いてあります。左から3つ目のローマ字のSに見えるものは**ร**です。左から5つ目の**ม**と7つ目の**น**も、ちゃんと区別をしていることが分かります。その右隣は**พ**か**ผ**か区別がつきにくいですが、その下の段に**ผ**が出てきますので、こちらは**พ**ということが分かります。他にも**ค**と**ด**の区別など、よく見ると違いが見えてきます。慣れれてしまえば、このような字体も簡単に読めるようになりますので、街中で看板を見かけた際にはぜひ読む練習をしてみてください。

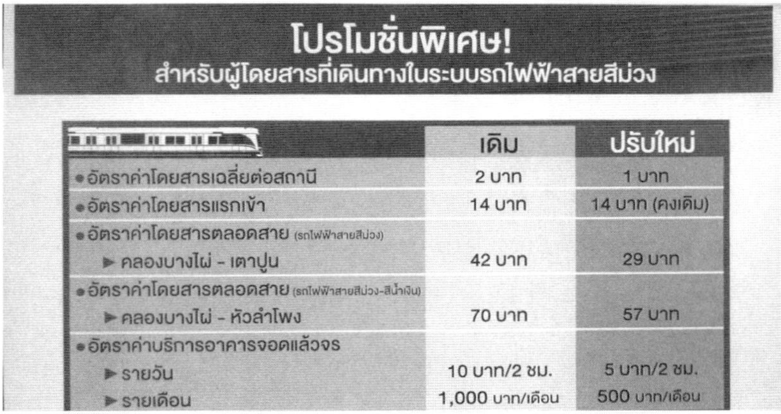

第9課
チューチャイはいつ来ましたか?
ชูใจ มา เมื่อไร

文字：低子音と声調記号
文法：指示代名詞、否定形、「いつですか」「～すべき」

1. 低子音と声調記号

低子音に声調記号を付けると、声調は以下のように変化します。

	平声	低声	下声	高声	上声
低子音	คา		ค่า	ค้า	

　低子音も自らの声調は平声なので、声調記号を付けなければ平声となります。ところが、第1記号を付けると下声となり、第2記号を付けると高声となる声調の変化は、これまで見てきた中子音と高子音とは異なります。低子音の場合も第1記号、第2記号のみを用い、低声と上声の声調は作ることができません。なお、最近ではわざと低子音に第3記号、第4記号を付けてそれぞれ高声、上声で読ませるような場面もありますが、公式な使用法ではありません。

　このように、声調記号による声調の変化は中子音、高子音、低子音の3つのグループによってその変化のパターンが異なっている点が最大の難問です。これまで見てきたグループごとの声調の変化を

まとめたものが以下の表です。

	平声	低声	下声	高声	上声
中子音	กา	ก่า	ก้า	ก๊า	ก๋า
高子音		ข่า	ข้า		ขา
低子音	คา		ค่า	ค้า	

　中子音と高子音は、第1記号を付けると低声、第2記号を付けると下声となる点は同じです。しかし、低子音の場合は、第1記号で下声、第2記号で高声と、1つずれて声調が変化しています。つまり、第1記号は声調を低声か下声にする記号、第2記号は声調を下声か高声にする記号となるのです。このように、低子音のみ声調の変化のパターンが異なることから、同じく平声の声調を持つ中子音と低子音を別々のグループに分ける必要があるのです。

　また、高子音と低子音にはそれぞれ作れない声調があります。このため、5つの声調を作る場合には、高子音と低子音を使い分けながら作る必要があります。中には低子音のみしか存在しない音もありますが、その場合は低子音を中子音や高子音に変化させて対応することになります（第12、13課参照）。

2. 単語

ซื้อ	súɯɯ	買う	นี้	níi	この
น้ำ	náam	水	เช้า	cháaw	朝、午前
พ่อ	phɔ̂ɔ	お父さん	ไม่	mây	〜でない
ใช้	cháy	使う	แม่	mɛ̂ɛ	お母さん
เพื่อ	phɯ̂a	〜のために	เนื้อ	nɯ́a	肉
เมื่อ	mɯ̂a	〜したとき	เมื่อไร	mɯ̂aray	いつですか
น่า	nâa	〜すべき	แพ้	phɛ́ɛ	負ける
ย่า	yâa	おばあさん（父の母）	ค่า	khâa	値段、〜代

น้ำと**เช้า**はそれぞれ本来短母音のaに末子音が付いているのですが、それぞれaaと長く発音します。ただし、**น้ำ**は後ろに単語が付いて熟語となる場合は短母音で発音します。

น้ำ ยา nám yaa

3. 用例

❶ 指示代名詞

นี้は「この」という意味の指示代名詞です。タイ語は後ろから前に掛かるので名詞の後ろに置きますが、名詞と指示代名詞の間に類別詞を挟むのが特徴です。

วัว ตัว นี้　この牛　　　**เสื้อ ตัว นี้**　この服

　なお、名詞と類別詞が同じ場合は一つ省略します。

ปี นี้　今年　　　เช้า นี้　今朝

　形容詞の時と同じように、何のことか分かっている場合は類別詞＋指示代名詞のみで使います

เอา ตัว นี้　この（服）を下さい。

❷ 否定のไม่
　ไม่は動詞、形容詞、助動詞、一部の副詞の前について否定の意味を表します。

มานี ไม่ ทำ ยา	マーニーは薬を作りません。
ชูใจ ไม่ พอใจ	チューチャイは不満です。
พ่อ ไม่ ได้ มา	父は来ませんでした。

　可能表現のได้については、ได้の直前に置きます。

เดชา ใส่ เสื้อ ดำ ตัว นี้ ไม่ ได้
　デーチャーはこの黒い服を着ることができません。

❸ いつですか?
　เมื่อไรは「いつですか」という意味の疑問詞です。通常の疑問文では文末に付きます。タイ語の疑問詞は基本的に文中で答えが入る

位置に置くので、**เมื่อไร**の場合は文末が基本です。

ชูใจ　มา　เมื่อไร　チューチャイはいつ来ましたか？

なお、綴り通りの発音ではmûarayと後ろの音節は平声ですが、実際には発音しやすいようにmûaràyと低声にします。このように実際の発音と綴りがずれている例は時々ありますが、通常は元の綴りを使用します。

❹ น่าの使い方

น่าは動詞の前に付けると「〜すべき」という助動詞になります。通常は後で出てくる**จะ**と一緒に**น่า　จะ**という語順で使います（第15課参照）。一方、単に**น่า**＋動詞で形容詞的にも用いられます。

มานี　น่า　จะ　ไป　หา　ชูใจ
マーニーはチューチャイを訪ねていくべきです。

เสื้อ　ตัว　นี้　น่า　ซื้อ　　この服は買うべきです。

4. 例文

เมื่อ　เดชา　ไป　หา　　เขา　ไม่　ได้　เจอ　ชูใจ
　mûa deechaa pay hǎa　　khǎw mây dây cəə chuucay

デーチャーが訪ねていった時、彼はチューチャイに会えませんでした。

อา ทำ ยา สี ดำ เพื่อ ทา ขา ตา

ʔaa tham yaa sǐi dam phʉ̂a thaa khǎa taa

おじさんはおじいさんの脚に塗るための薬を作ります。

มานี ไป ซื้อ เนื้อ วัว เพื่อ เดชา

maanii pay sʉ́ʉ nʉ́a wua phʉ̂a deechaa

マーニーはデーチャーのために牛肉を買いに行きます。

พ่อ ไม่ ให้ ย่า เข้า ไป ใน ป่า

phɔ̂ɔ mây hây yâa khâw pay nay pàa

お父さんはおばあさんに森の中に入らせません。

มานี พา ป้า มา เมื่อไร

maanii phaa pâa maa mʉ̂aray

マーニーはいつおばさんを連れてきましたか？

เสื้อ ตัว นี้ น่า ซื้อ

sʉ̂a tua níi nâa sʉ́ʉ

この服は買うべきです。

แม่ ชูใจ ไป หา ตา ไม่ ได้

mɛ̂ɛ chuucay pay hǎa taa mây dâay

チューチャイのお母さんはおじいさんを訪ねていくことができません。

พ่อ มานี ใช้ เตา ทำ ปลา เผา

phɔ̂ɔ maanii cháy taw tham plaa phǎw

マーニーのお父さんはコンロを使って焼魚を作ります。

เมื่อ เช้า นี้ ผัว เมีย ไม่ ได้ ไป ดู รำ

mʉ̂a cháaw níi phǔa mia mây dây pay duu ram

今朝夫婦は踊りを見に行きませんでした。

ถ้า มี น้ำ ใน นา　ปลา ก็ เข้า มา

thâa mii náam nay naa　plaa kɔ̂ɔ khâw maa

もし田んぼの中に水があれば、魚も入ってくるでしょう。

5. 練習

❶ 次のタイ語を読んでみましょう。

1 เมื่อ เช้า นี้ พ่อ แม่ พา ชูใจ ไป หา เดชา
2 เมื่อ เดชา เจอ ชูใจ　เขา พา ชูใจ ไป ใน ครัว
3 ปู่ เดชา ทำ ปลา เผา ห้า ตัว ใน ครัว
4 แม่ ชูใจ ซื้อ เนื้อ วัว มา ให้ ปู่ เดชา
5 เขา ก็ ดีใจ เมื่อ ดู เนื้อ วัว
6 ปู่ ให้ เดชา ไป หา ไห　สาโท เพื่อ พ่อ ชูใจ
7 เดชา หา ไห สาโท แต่ ไม่ เจอ
8 เขา ก็ เอา น้ำ มา ให้ พ่อ ชูใจ
9 พ่อ แม่ ชูใจ มา หา เดชา เมื่อไร
10 เขา มา หา เดชา เมื่อ เช้า นี้

❷ 次の発音記号をタイ文字に直しましょう。

1 phɔ̂ɔ deechaa mây pay sɯ́ɯ sɯ̀a
2 maanii klua sɯ̌a mɯ̂a khâw pay nay pàa
3 mɛ̂ɛ cháy klɯa nay khrua phɯ̂a tham plaa phǎw
4 chuucay sày sɯ̂a tua níi pay hǎa ʔaa mɯ̂aray
5 mɯ̂a cháaw níi deechaa phɛ́ɛ yaa dam
6 phɯ̌a mia hǎa nɯ́a kày tɛ̀ɛ mây cəə

7 thâa pii níi mii náam nay naa taa kɔ̂ɔ phɔɔcay

8 maanii thɯ̌ɯ boo sǐi thaw pay ram thay mɯ̂aray

9 yâa chuucay diicay mɯ̂a duu plaa tua too nay naa

10 wua tua níi mii hǔa too tɛ̀ɛ tua tîa

❸ 次の文章をタイ語に直しましょう。

1 デーチャーは鶏肉を買いに行きましたが見つかりませんでした。

2 おばあさんは牛の頭を磨くことができません。

3 チューチャイはいつこの服を着ますか？

4 両親はマーニーを連れて洞窟の中に入っていきました。

5 今朝デーチャーはおじいさんのために薬を作りました。

6 おばさんは山の中の大きな虎を見る機会がありませんでした。

7 マーニーが訪ねていくと、おじいさんは喜びました。

8 デーチャーのおじさんはコンロを使って焼魚を作ります。

9 この蟹は買うべきではありません。

10 チューチャイはいつカラスの卵を探しに行きますか？

デーチャーはご飯を食べました
เดชา ทาน ข้าว แล้ว

文字：長母音平音節の末子音

1. 平音節の末子音

声調記号は頭子音＋母音記号からなるタイ語の基本単位に付くオプションでしたが、もう1つのオプションは音節の末尾に付く末子音です。タイ語には平音節の末子音、促音節の末子音と2つの種類があります。平音節の末子音は以下の5つの音です。

平音節	低子音
n	น ณ ญ ร ล ฬ
m	ม
ŋ	ง
y	ย
w	ว

平音節の末子音はいずれも低子音であり、nを除けばそれぞれ頭子音の音と末子音の音は同じです。一方、nについては頭子音の音がn以外の子音も含まれており、とくにรとลが末子音の場合にnの音になる点に注意してください。これは、タイ語の末子音の数が少ないために起こるもので、借用語の場合には原語に従って綴るものの、タイ語に入ってきた時に別の音に変わってしまったものなのです。いずれにせよ、一番使用頻度の高いものは頭子音と同じ音のนであり、それ以外の末子音は特定の単語にしか使用されません。

これらの末子音は、頭子音と母音の右側に書くことになります。なお、一部の長母音記号は末子音が付くと形が変わりますが、それらについては第12課で扱います。それ以外は、末子音のない場合と何も変わりはありません。

2. 単語

ทาน	thaan	食べる	ข้าว	khâaw	米、ご飯
ร้าน	ráan	店	ขวา	khwǎa	右
ซ้าย	sáay	左	สอง	sɔ̌ɔŋ	2
เพื่อน	phɯ̂an	友達	ที่	thîi	～で、～に
บ้าน	bâan	家	เลี้ยว	líaw	曲がる
แล้ว	lɛ́ɛw	～した	สาม	sǎam	3
ย่าง	yâaŋ	あぶり焼く	เรียน	rian	学ぶ
โรงเรียน	rooŋrian	学校	ร้อน	rɔ́ɔn	暑い、熱い
ยาย	yaay	おばあさん（母の母）			

3. 用例

❶ 幅広い意味を持つ ข้าว

ข้าว は稲、米、ご飯と広い意味があります。ご飯も日本語の「ご飯」と同じく食事の総称としての意味があります。

| ใน นา มี ข้าว | 田んぼの中には稲があります。 |
| อา ไป ทาน ข้าว | おじさんはご飯を食べに行きます。 |

❷ 右の掌と右手の方向

タイ語の形容詞は名詞の後ろに付きますので、มือ ขวา とすると「右の掌」になりますが、これを逆に並べると「右手の方向」になります。

| เดชา ดู ขวา มือ | デーチャー、右のほうを見なさい。 |

❸ ที่ の使い方

ที่ は第6課で触れた関係代名詞ですが、他にも前置詞としても使われます。

มานี รอ ชูใจ ที่ บ้าน

マーニーはチューチャイを家で待ちます。

場所を表す時に「～で、～に」という意味で使いますが、動詞が ไป と มา の場合は使いません。

มานี ไป นา　マーニーは田んぼに行きます。

❹ 完了を表すแล้ว

แล้วは文末に付けて「～しました」という完了の意味を表します。また、接続詞的に使って、「それから」という意味にもなります。

เดชา ทาน ข้าว แล้ว　デーチャーはご飯を食べました。
ทาน ข้าว แล้ว　มานี ไป โรงเรียน
ご飯を食べてから、マーニーは学校に行きます。

4. 例文

มานี ไป ทาน ข้าว ที่ ร้าน maanii pay thaan khâaw thîi ráan
マーニーは店にご飯を食べに行きます。

เพื่อน เดชา มา หา ชูใจ แล้ว
phŵan deechaa maa hǎa chuucay lɛ́ɛw
デーチャーの友達はチューチャイを訪ねてきました。

พ่อ เลี้ยว ซ้าย ไป บ้าน มานี
phɔ̂ɔ líaw sáay pay bâan maanii
お父さんは左に曲がってマーニーの家に行きます。

มี เสือ โต สอง ตัว ใน มือ ขวา
mii sɯ̌a too sɔ̌ɔŋ tua nay khwǎa mɯɯ
右手のほうに大きな虎が2頭います。

มานี ไม่ ได้ มา ร้าน ไก่ ย่าง
maanii mây dây maa ráan kày yâaŋ
マーニーは焼鳥屋に来ませんでした。

เดชา เข้า ไป ใน โรงเรียน ได้

deechaa khâw pay nay rooŋrian dâay

デーチャーは学校の中に入っていくことができました。

ทำ ยา แล้ว　ชูใจ ถือ ไป ทา ขา ยาย

tham yaa lɛ́ɛw　chuucay thɯ̌ɯ pay thaa khǎa yaay

薬を作ってから、チューチャイは持っておばあさんの脚に塗りに行きました。

มานี รอ เดชา ที่ บ้าน ชูใจ

maanii rɔɔ deechaa thîi bâan chuucay

マーニーはデーチャーをチューチャイの家で待ちます。

แม่ ไป ซื้อ ปู ตัว ดำ สาม ตัว

mɛ̂ɛ pay sɯ́ɯ puu tua dam sǎam tua

お母さんは黒い蟹を3匹買いに行きます。

อา เลี้ยว ขวา ไป ดู ปลา ใน น้ำ

ʔaa líaw khwǎa pay duu plaa nay náam

おじさんは右に曲がって水の中の魚を見に行きます。

5. 練習

❶ 次のタイ語を読んでみましょう。

1 เมื่อ เช้า นี้ ชูใจ ทาน ข้าว ที่ บ้าน
2 ทาน ข้าว แล้ว　ชูใจ ไป โรงเรียน
3 ชูใจ ถือ ปลา สอง ตัว ไป โรงเรียน
4 เขา เลี้ยว ขวา เข้า ไป ใน ร้าน ไก่ ย่าง
5 ชูใจ รอ เดชา ที่ ร้าน ไก่ ย่าง

6 เดชา ใส่ เสื้อ ตัว ดำ มา หา ชูใจ
7 เขา เอา ปู โต สาม ตัว มา ให้ ชูใจ
8 เดชา เลี้ยว ซ้าย ไป หา เพื่อน ที่ บ้าน เขา
9 แต่ เพื่อน เดชา ไป โรงเรียน แล้ว
10 เมื่อ เดชา ไม่ ได้ เจอ เพื่อน　เขา ก็ พา ชูใจ ไป โรงเรียน

❷ 次の発音記号をタイ文字に直しましょう。

1 mɛ̂ɛ chuucay pay sɯ́ɯ khâaw thîi ráan
2 ʔaa deechaa líaw khwǎa pay duu naa lɛ́ɛw
3 phɔ̂ɔ maanii mây dây cháy taw phɯ̂a tham plaa phǎw
4 mii wua tua tîa sɔ̌ɔŋ sǎam tua nay pàa
5 thâa deechaa pay thaan kày yâaŋ　khǎw kɔ̂ɔ diicay
6 phɯ̂an chuucay maa hǎa maanii thîi bâan
7 mɯ̂a cháaw níi deechaa mây dây pay rooŋrian
8 pùu maanii tham sǎathoo lɛ́ɛw　ʔaw pay thee sày nay hǎy
9 pâa duu sáay mɯɯ phɯ̂a hǎa plaa tua too
10 phǔa hây mia thaan nám rɔ́ɔn nay bâan

❸ 次の文章をタイ語に直しましょう。

1 チューチャイのお父さんは店で焼鳥を食べます。
2 デーチャーは友達に右に曲がらせます。
3 マーニーのお母さんはいつ水を買いに行きますか？

4　おじいさんの家には黒い牛が2〜3頭います。

5　今朝チューチャイは灰色の服を着て学校に行きました。

6　ご飯を食べてから、デーチャーはマーニーを訪ねていきます。

7　左手のほうに蛇を脅している大きな虎がいます。

8　マーニーは誰の家に行きますか？

9　おじさんの田んぼの中には稲があります。

10　チューチャイは学校でご飯を食べてきました。

コラム⑤　複雑な親族を表す用語

　タイ語の親族を表す用語は非常に複雑です。既に見てきたように、「おじいさん」「おばあさん」は父方、母方で区別をしていました。通常は、**ปู่ ย่า ตา ยาย**の順に4つ並べて表します。

　自分の身内でない一般の「おじいさん」「おばあさん」もこれらのいずれかを用いればよいのですが、それぞれ、**ตา**と**ยาย**と母方を用いることが多いようです。これは、タイでは伝統的に「サザエさん」のマスオさんのように、夫が妻方の家に入ることが多かったことと関係しているものと思われます。

　一方、「おじさん」「おばさん」はもっと複雑です。すでに**อา**と**ป้า**が出てきましたが、正確には次の通りとなります。

ลุง（luŋ）父母の兄（伯父）　　　　**ป้า**　　　父母の姉（伯母）
อา　父の弟妹およびその配偶者　　　**น้า**　　　母の弟妹およびその配偶者

　すなわち、伯父、伯母については日本語と同じ方式ですが、叔父、叔母については父方と母方で分け、性別の区別はないのです。この本では**อา**を「おじさん」と説明しましたが、実際の**อา**は女性かもしれないのです。なお、一般の「おじさん」「おばさん」には、性別がはっきり分かる**ลุง**、**ป้า**を使います。

第11課
この服はいくらですか?
เสื้อ ตัว นี้ เท่าไร

文字：長母音促音節の末子音
文法：「この、これ」「いくらですか」「急いで〜する」

---

1. 促音節の末子音

　　促音節の末子音は4つの音がありますが、最後の声門閉鎖音ʔは短母音の見かけ上、末子音がない場合にしか出てきませんので、実際に子音文字を取るものは3つしかありません。下の表のように、平音節の末子音の場合よりも使われる子音は多く、頭子音のs、ch、cが末子音ではtの音になる点が特徴です。

促音節	中子音	高子音	低子音
k	ก	ข	ค ฆ
t	ด ต ฎ ฏ จ	ถ ฐ ส ศ ษ	ท ธ ฒ ฑ ช ซ
p	บ ป	ผ ฝ	พ ภ ฟ
ʔ			

　このように、多数の子音が末子音として使われる可能性がありますが、一番使用頻度の高い末子音はそれぞれ中子音の最初にある子音です。すなわち、kは**ก**、tは**ด**、pは**บ**となります。とくに、tとpは頭子音の音がどちらも濁音のdとbが基本形となりますので気を付けてください。

　促音節の末子音は、勝手に声調を変化させる点が平音節の末子音と異なります。

	中子音	高子音	低子音
長母音	低声	低声	下声
	＼	＼	／＼

　具体的には以下のようになります。

กาด　kàat　　　**ขาด**　khàat　　　**คาด**　khâat

　この変化は、声調記号のためではなく、促音節の末子音が勝手に引き起こしたものです。このため、声調符号が何も付いていないのに声調が変化していることになります。実際には第1記号を付けた時と同じ変化をしていますが、重複する指示を出す第1記号を付けてはいけません。このように、長母音の場合は促音節の末子音によって声調が低声か下声に変化することから、長母音を使ったタイ語の促音節の単語は、ほとんどがこの2つの声調のいずれかになります。ごくまれに第2記号以降の記号を付けることがありますが、そ

の場合はそちらの指示に従います。なお、高子音を用いた**ขาด**に第2記号を付けて**ข้าด**にするとkhâatという声調にはなりますが、実際にはこのような単語はなく、khâatは低子音を用いた**คาด**のみとなります。促音節の単語は、声調記号を使うことなく、低声の場合は中子音か高子音、下声の場合は低子音で作ります。

2. 単語

บาท	bàat	バーツ	จาก	càak	～から
ถาม	thǎam	尋ねる	ว่า	wâa	～と
อาบ	ʔàap	浴びる	ชอบ	chɔ̂ɔp	好む
ออก	ʔɔ̀ɔk	出る	ตอบ	tɔ̀ɔp	答える
นี่	nîi	これ	เท่าไร	thâwray	いくら
แปด	pɛ̀ɛt	8	บอก	bɔ̀ɔk	言う
ยาก	yâak	難しい	รีบ	rîip	急いで～する
งาน	ŋaan	仕事、儀式	ลูก	lûuk	子

3. 用例

❶ ว่าの使い方

ว่าは英語のthatのように、動詞の後について「～と（言う）」のような形で使うのが一般的です。

มานี ถาม พ่อ ว่า แม่ มา เมื่อไร

マーニーはお父さんに、お母さんはいつ来ますか、と尋ねます。

　今回出てきた**ตอบ**や**บอก**などの動詞とよく一緒に使われます。なお、文脈で分かる場合は主語あるいは目的語を省略しても構いません。

❷ 「この」と「これ」

　指示代名詞の**นี้**は名詞と類別詞の後に付いて「この〜」という意味で用いますが、**นี่**は「これ」という意味で単独で用いることができます。

นี่ กา　　これはやかんです。

　ただし、「ここ」という意味で用いる際には、場所の意味を持つ**ที่**の後に**นี่**を付け、**ที่ นี่**となります。

ที่ นี่ ไม่ มี น้ำ　　ここには水がありません。

❸ いくらですか？

　เท่าไรは数を聞く疑問詞ですが、日常的に最も頻繁に使うのは買い物の際に値段を尋ねる時です。一般には「主語＋**เท่าไร**」で「〜はいくらですか？」という意味で用いられます。付く場所は**เมื่อไร**と同じく文末です。

นี่ เท่าไร　　　　　　これはいくらですか？
เสื้อ ตัว นี้ เท่าไร　　この服はいくらですか？

後者のような場合には、服を省略して**ตัว นี้ เท่าไร**ということも多いです。

なお、**เมื่อไร**と同じく実際には発音しやすいようにthâwrày と後ろの音節の声調は低声になります。

値段を聞く場合はこのように省略しますが、それ以外の場合には正式な文章になります。また、**กี่**で言い換えもできます。

อา มี วัว เท่าไร　おじさんは牛をいくら持っていますか？
อา มี วัว กี่ ตัว　おじさんは牛を何頭持っていますか？

❹ 急いで〜する

รีบは本来は動詞ですが、動詞の前に付いて「急いで〜する」という形で助動詞のように使われることが多いです。

มานี รีบ มา หา ชูใจ
マーニーは急いでチューチャイを訪ねてきました。

4. 例文

มานี ถาม ย่า ว่า ไป หา อา เมื่อไร
maanii thǎam yâa wâa pay hǎa ʔaa mɯ̂aray
マーニーはおばあさんに、いつおじさんを訪ねていくのですか、と尋ねました。

ป้า ตอบ ว่า ไม่ ไป หา ลูก

pâa tɔ̀ɔp wâa mây pay hǎa lûuk

おばさんは、子どもを訪ねていきません、と答えました。

เสื้อ ดำ ตัว นี้ เท่าไร　sʉ̂a dam tua níi thâwray

この黒い服はいくらですか？

เดชา ออก จาก บ้าน ไป โรงเรียน

deechaa ʔɔ̀ɔk càak bâan pay rooŋrian

デーチャーは家を（から）出て学校に行きます。

ปู่ ชูใจ รีบ ไป ซื้อ ไก่ แปด ตัว

pùu chuucay rîip pay sʉ́ʉ kày pɛ̀ɛt tua

チューチャイのおじいさんは急いで鶏を8羽買いに行きます。

แม่ ชอบ ทำ ปลา เผา　mɛ̂ɛ chɔ̂ɔp tham plaa phǎw

お母さんは焼魚を作るのが好きです。

พ่อ บอก ว่า เขา ไม่ ได้ อาบ น้ำ

phɔ̂ɔ bɔ̀ɔk wâa khǎw mây dây ʔàap náam

お父さんは、彼は水を浴びませんでした、と言いました。

ชูใจ ถาม ป้า ว่า นี่ เท่าไร

chuucay thǎam pâa wâa nîi thâwray

チューチャイはおばさんに、これはいくらですか、と尋ねました。

ยาย ตอบ เขา ว่า ห้า บาท　yaay tɔ̀ɔp khǎw wâa hâa bàat

おばあさんは彼女に、5バーツです、と答えました。

มานี ไม่ ชอบ ไก่ แต่ ชอบ ปลา

maanii mây chɔ̂ɔp kày tɛ̀ɛ chɔ̂ɔp plaa

マーニーは鶏が好きではありませんが、魚は好きです。

5. 練習

❶ 次のタイ語を読んでみましょう。

1 มานี ออก จาก บ้าน ไป ซื้อ ปู
2 ใน ร้าน มี ปู สี เทา โต
3 มานี ถาม ป้า ว่า ปู ตัว นี้ เท่าไร
4 ป้า ตอบ ว่า แปด บาท
5 มานี ซื้อ ปู ห้า ตัว แล้ว รีบ ไป หา ชูใจ
6 แม่ ชูใจ บอก ว่า ชูใจ ไป อาบ น้ำ
7 มานี ทำ ปู เผา เพื่อ ชูใจ
8 เมื่อ ชูใจ เจอ มานี เขา ก็ ดีใจ
9 ชูใจ บอก มานี ว่า ชอบ ปู เผา มาก
10 พ่อ ชูใจ ก็ ไป ซื้อ ไก่ ย่าง มา ให้ มานี

❷ 次の発音記号をタイ文字に直しましょう。

1 phɔ̂ɔ chuucay mii wua thâwray
2 maanii chɔ̂ɔp thaan kày yâaŋ thîi ráan
3 ʔaa deechaa thǎam wâa khray tii hǔa
4 mɛ̂ɛ tɔ̀ɔp chuucay wâa khǎw mây dây sɯ́ɯ sɯ̂a tua níi
5 maanii ɔ̀ɔk càak rooŋrian pay bâan phɯ̂an
6 yâa thǎam wâa plaa tua níi thâwray
7 ʔaa bɔ̀ɔk wâa nîi pɛ̀ɛt bàat
8 chuucay mây chɔ̂ɔp pay ʔàap náam
9 thâa maanii pay hǎa taa taa kɔ̂ɔ diicay
10 phɯ̌a rîip maa hǎa mia phɯ̂a phaa pay thaan khâaw

❸ **次の文章をタイ語に直しましょう。**

1　チューチャイはおばさんに、おじさんはいつ来るのですか、
　　と尋ねます。

2　ご飯を食べてから、子どもは家から（を）出て学校に行きます。

3　この灰色の服はいくらですか？

4　デーチャーは、焼鳥を食べるのが好きです、と言いました。

5　お父さんは急いで田んぼを見に行きます。

6　チューチャイのおばあさんは、これは8バーツです、と答えます。

7　マーニーは店から（を）出て友達を訪ねていきます。

8　誰がデーチャーにおじいさんを訪ねていかせたのですか？

9　お母さんは魚をいくら買いに行きますか？

10　チューチャイはおじさんに、水浴びは好きです、と答えました。

コラム⑥　様々な「焼く」

　これまで「焼く」という動詞には เผา と ย่าง の2つが出てきましたが、タイ語には「焼く」という動詞がいくつかあります。เผา は単に「焼く」と書きましたが、実際には火の中で丸焼きにするという意味です。一方、ย่าง は「あぶり焼く」と書いたように、火の中にまで入れないものの全体をあぶり焼く感じになります。これは料理名でも区別されており、魚介類を焼く場合は เผา、肉の場合は ย่าง を使うことが多いです。このため、「焼魚」の時は ปลา เผา を、「焼鳥」の時は ไก่ ย่าง を使っています。ただし、魚の場合は ปลา ย่าง もごく普通に使いますし、屋外で鶏を丸焼きにするときには ไก่ เผา と言うこともあります。

　また、もう1つ ปิ้ง (pîŋ) という動詞も料理名によく使われます。これも「焼く」なのですが、こちらは小さいものを網の上で焼くような場合に用いられ、例えば หมู ปิ้ง (mǔu pîŋ) は豚肉を串刺しにして焼いたものになります。同じように、ขนม ปัง ปิ้ง (khanǒm paŋ pîŋ) は ขนม ปัง （パン）を焼いたもの、すなわちトーストの意味となります。なお、標準タイ語では動詞が後に付きますが、東北部やラオスなどラーオ語の系統では ปิ้ง ไก่ のように動詞が先に来ます。

第12課
マーニーはチューチャイに会ったことがあります
มานี เคย เจอ ชูใจ

文字：長母音記号の変化
文法：依頼の表現、「〜すべきである」「〜したことがある」

1. 末子音が付く場合の母音の変化

これまで学んできた長母音記号及び複合母音の中で、以下の3種の母音記号については末子音が付くと形が変わります。その変化は以下の通りです。

ɯɯ	□ือ	+	น	→	□ืน
ua	□ัว	+	น	→	□วน
əə	เ□อ	+	น	→	เ□ิน
əə	เ□อ	+	ย	→	เ□ย

最後のəəについては、末子音がยの時に限って特別な変化をしています。この場合、母音のeeにyが付いてeeyという音と混同してしまいそうな気もしますが、タイ語にはeeyという音がないためにこのような表記をしても構わないのです。

2. 単語

ตื่น	tɯ̀ɯn	目覚める	**ชาย**	chaay	男
สาว	sǎaw	女	**พี่**	phîi	兄姉
น้อง	nɔ́ɔŋ	弟妹	**สาย**	sǎay	遅い、～線
คืน	khɯɯn	夜、返す	**เปิด**	pə̀ət	開く、つける
ควร	khuan	～すべき	**ช่วย**	chûay	助ける
เดิน	dəən	歩く	**ด้วย**	dûay	一緒に、～で
สวย	sǔay	美しい	**ดื่ม**	dɯ̀ɯm	飲む
เคย	khəəy	～したことがある			
ก๋วยเตี๋ยว	kǔaytǐaw	米麺（クイティオ）			

3. 用例

❶ พี่とน้อง

พี่と**น้อง**はそれぞれ「兄姉」、「弟妹」で、**พี่ น้อง** と並べると「きょうだい」という意味になります。この後に**ชาย**か**สาว**を付けることで性別を区別します。これは前に出てきた「子（**ลูก**）」の場合も同様です。なお、**สาว** は正確には「若い女性」の意味で、「若い（女）」という意味の形容詞としても使われます。

พี่ ชาย 兄　**พี่ สาว** 姉　**น้อง ชาย** 弟　**น้อง สาว** 妹

また、この**พี่**と**น้อง**は他人を呼ぶ時にも使います。自分より目上の人には**พี่**、目下の人には**น้อง**と呼びかけます。また、親しい間柄の場合は、後に名前を付けて**พี่ มานี**のように呼ぶこともあります。

❷ ช่วยの使い方

　ช่วยの一番基本の意味は「助ける」ですが、相手に何かを頼みたい時には文頭に付けて依頼の表現になります。ただし、丁寧な言い方ではないので目上の人に対しては使いません。

มานี　　ช่วย ไป ซื้อ ปลา

マーニー、魚を買いに行っておくれ。

　この場合、文末に**หน่อย**を付けるとやわらかい言い方になります（第17課参照）。

　また、**ช่วย ด้วย**と並べると「助けてください」という意味になります。

❸ 〜すべきである

　ควรは「〜すべきである」という意味の助動詞です。通常の助動詞と同じく主語と目的語の間に入ります。**น่า จะ**とほぼ同じ意味ですが、こちらのほうが意味が強くなります。

เดชา ควร ไป หา อา

デーチャーはおじさんを訪ねていくべきです。

　否定の場合は**ไม่**を**ควร**の前に置きます。

ชูใจ ไม่ ควร ทาน ก๋วยเตี๋ยว

チューチャイはクイティオを食べるべきではありません。

❹ 〜したことがある

เคยは「〜したことがある」という意味の助動詞です。使い方は**ควร**と同じです。

มานี เคย เจอ ชูใจ

マーニーはチューチャイに会ったことがあります。

เดชา ไม่ เคย ดู เสือ

デーチャーは虎を見たことがありません。

4. 例文

พี่ ชาย เปิด ไฟ ใน บ้าน　phîi chaay pə̀ət fay nay bâan

　兄は家の中の明かりをつけます。

น้อง สาว มานี ช่วย ย่า　nɔ́ɔŋ sǎaw maanii chûay yâa

　マーニーの妹はおばあさんを助けます。

ชูใจ เดิน ไป ทาน ก๋วยเตี๋ยว

chuucay dəən pay thaan kǔaytǐaw

　チューチャイは歩いてクイティオを食べに行きます。

เดชา เคย มา หา พี่ สาว

deechaa khəəy maa hǎa phîi sǎaw

　デーチャーは姉を訪ねてきたことがあります。

เมื่อ คืน นี้ พ่อ ดื่ม สาโท มา

mûa khɯɯn níi phɔ̂ɔ dɯ̀ɯm sǎathoo maa

　昨夜お父さんはどぶろくを飲んできました。

แม่ ช่วย ลูก สาว ทำ ไก่ ย่าง

mɛ̂ɛ chûay lûuk sǎaw tham kày yâaŋ

お母さんは娘が焼鳥を作るのを手伝います。

มานี ไม่ ควร ตื่น สาย　　maanii mây khuan tɯ̀ɯn sǎay

マーニーは遅く目覚める（寝坊する）べきではありません。

น้อง ชาย ชูใจ ก็ ไป หา ตา ด้วย

nɔ́ɔŋ chaay chuucay kɔ̂ɔ pay hǎa taa dûay

チューチャイの弟も一緒におじいさんを訪ねていきます。

เมื่อ เช้า นี้ ชูใจ มา โรงเรียน สาย

mɯ̂a cháaw níi chuucay maa rooŋrian sǎay

今朝マーニーは学校に来るのが遅れ（遅刻し）ました。

ป้า ไม่ ได้ คืน เสื้อ สวย ให้ มานี

pâa mây dây khɯɯn sɯ̂a sǔay hây maanii

おばさんはマーニーに美しい服を返してくれませんでした。

5. 練習

❶ 次のタイ語を読んでみましょう。

1　เมื่อ เช้า นี้ มานี ตื่น สาย

2　มานี รีบ พา น้อง สาว ไป ทาน ก๋วยเตี๋ยว

3　เมื่อ เข้า ไป ใน ร้าน　เขา เจอ เดชา

4　เดชา ก็ พา น้อง ชาย มา ทาน ก๋วยเตี๋ยว ด้วย

5　มานี บอก ป้า ว่า เอา ก๋วยเตี๋ยว ไก่

6　ป้า ตอบ ว่า ช่วย ทำ ด้วย

7　มานี ก็ ช่วย ป้า ทำ ก๋วยเตี๋ยว ให้

教科書タイ語
練習解答例

柿崎一郎

めこん

練習解答

1課　マーニーは田んぼに来ます

❶

1	kaa tii puu	カラスは蟹を叩きます。
2	puu tii kaa	蟹はカラスを叩きます。
3	maanii maa naa	マーニーは田んぼに来ます。
4	taa mii naa	おじいさんは田んぼを持っています。
5	taa tii kaa	おじいさんはやかん（カラス）を叩きます。
6	maanii paa kaa	マーニーはやかん（カラス）を投げます。
7	naa maanii mii puu	マーニーの田んぼには蟹がいます。
8	kaa mii taa	カラスには目があります。
9	naa mii puu	田んぼには蟹がいます。
10	taa mii kaa	おじいさんはやかん（カラス）を持っています。

11	kii tuu naa	12	muu kuu pii
13	paa kii nii	14	mii kii kaa
15	tii kuu muu	16	naa taa kii
17	paa puu kaa	18	nii muu maa
19	kii tuu naa	20	pii kii mii

❷

1	ตา มี นา	おじいさんは田んぼを持っています。
2	ปู ตี กา	蟹はカラスを叩きます。
3	นา ตา มี ปู	おじいさんの田んぼには蟹がいます。
4	มานี ตี กา ตา	マーニーはおじいさんのやかん（カラス）を叩きます。
5	ตา มานี มี กา	マーニーのおじいさんはやかん（カラス）を持っています。
6	กา ตี มานี	カラスはマーニーを叩きます。
7	มานี ปา กา	マーニーはやかん（カラス）を投げます。
8	นา มี ปู	田んぼには蟹がいます。
9	ตา ตี กา มานี	おじいさんはマーニーのやかん（カラス）を叩きます。
10	กา ตี ปู ตา	カラスはおじいさんの蟹を叩きます。

❸

1	กา ตี ปู	2	มานี มี ตา
3	ตา มี นา	4	ตา มานี ตี กา
5	ปู ตี กา	6	นา มานี มี ปู

| 7 | ตา ปา กา | | 8 | กา ตี ปู มานี |
| 9 | กา ตา ตี ปู | | 10 | กา มานี มี ปู |

2課　マーニーは薬を塗りに来ます

❶

1 maanii thaa yaa maa　マーニーは薬を塗ってきました。
2 kaa too tii puu taa　大きなカラスがおじいさんの蟹を叩きます。
3 kuu thee yaa　俺は薬を注ぐ。
4 taa duulɛɛ maanii　おじいさんはマーニーの面倒を見ます。
5 taa maanii mii boo too
　マーニーのおじいさんは大きなリボンを持っています。
6 taa kaa dii　カラスの目は良いです。
7 naa taa mii puu too　おじいさんの田んぼには大きな蟹がいます。
8 kɛɛ maa thee yaa　あいつは薬を注ぎに来ます。
9 taa maanii paa boo too
　マーニーのおじいさんは大きなリボンを投げます。
10 kaa maanii mii puu too
　マーニーのやかんには大きな蟹がいます。

❷

1 มานี มา ตี กา　マーニーはやかん（カラス）を叩きに来ます。
2 ปู โต มี ตา โต　大きな蟹の目は大きいです。
3 ตา มานี มี นา ดี　マーニーのおじいさんは良い田んぼを持っています。
4 แก ปา โบ โต มา　あいつは大きなリボンを投げてきました。
5 นา ตา มี ปู โต　おじいさんの田んぼには大きな蟹がいます。
6 ตา มานี เท ยา　マーニーのおじいさんは薬を注ぎます。
7 กู มา ดู กา โต　俺は大きなカラスを見に来る。
8 ตา มานี ดี　マーニーの目は良いです。
9 กา มานี มี ยา　マーニーのやかんには薬があります。
10 ตา ดูแล มานี　おじいさんはマーニーの面倒を見ます。

❸

1 กา ตา ตี ปู โต 　　2 มานี มา ดู นา ตา
3 กู เท ยา มา 　　4 กา โต มี ปู โต
5 ตา มานี ดี 　　6 ปู โต ตี ปู มานี
7 ตา มานี มา ปา โบ 　　8 แก ทา ยา
9 ตา มี นา ดี 　　10 ตา มานี ดูแล แก

3課　チューチャイ、早く来なさい

❶

1　deechaa pay duu puu nay naa
　　デーチャーは田んぼの中の蟹を見に行きます。
2　ʔaa chuucay tii kaa dam too
　　チューチャイのおじさんは大きな黒いやかん（カラス）を叩きます。
3　nay kaa dam mii yaa dam　　黒いやかんの中には黒い薬があります。
4　taa maanii paa boo dam pay
　　マーニーのおじいさんは黒いリボンを投げていきます。
5　taa deechaa maa duu ram thay
　　デーチャーのおじいさんはタイ舞踊を見に来ます。
6　ʔaa chuucay diicay　　　　　チューチャイのおじさんはうれしいです。
7　mii puu too nay naa ʔaa　　おじさんの田んぼの中に大きな蟹がいます。
8　maanii pay tham yaa dam　　マーニーは黒い薬を作りに行きます。
9　pay thaa yaa dam way way　　早く黒い薬を塗りに行きなさい。
10　kaa dam tii puu too nay naa
　　黒いカラスは田んぼの中の大きな蟹を叩きます。

❷

1　ตา ชูใจ เท ยา ดำ ไป
　　チューチャイのおじいさんは黒い薬を注いでいきます。
2　กา ดำ ไป ตี ปู โต ใน นา
　　黒いカラスは田んぼの中の大きな蟹を叩きに行きます。
3　ใน กา โต มี ยา ดำ　　　　大きなやかんの中に黒い薬があります。
4　มานี ไป ดู รำ ไทย　　　　マーニーはタイ舞踊を見に行きます。
5　อา เดชา ดีใจ　　　　　　　デーチャーのおじさんはうれしいです。
6　มี ปู ดำ ใน นา ตา
　　おじいさんの田んぼの中には黒い蟹がいます。
7　แก ทา ยา ดำ ใน กา โต
　　あいつは大きなやかんの中の黒い薬を塗ります。
8　มานี　มา ดู กา ไว ไว　マーニー、早くカラスを見に来なさい。
9　ตา เดชา ไป ดูแล ชูใจ
　　デーチャーのおじいさんはチューチャイの面倒を見に行きます。
10　ใน นา อา มี ปู ดำ โต
　　おじさんの田んぼの中には大きな黒い蟹がいます。

❸

1　(ใน) นา เดชา มี ปู ดำ　　　　2　อา มานี ทำ นา
3　เดชา　ไป ทา ยา ดำ ไว ไว 4　ตา ชูใจ ทำ โบ โต ไป

5 มี ปู ดำ โต ใน รู

6 อา มานี ดู รำ ไทย มา

7 เดชา ไป ตี กา ดำ

8 ปู ดำ มี ตา โต

9 ตา ชูใจ ดีใจ

10 อา มานี กำ โบ ชูใจ

4課　マーニーはチューチャイを連れていきます

❶

1 deechaa phaa maanii maa duu puu too
デーチャーはマーニーを連れて大きな蟹を見に来ます。

2 khǎw ʔaw plaa sǐi thaw pay　彼（女）は灰色の魚を持っていきます。

3 khruu phaa ʔaa pay duu sǎakee nay kaa
先生はおじさんを連れてやかんの中の日本酒を見に行きます。

4 taa maanii ʔaw sǎw sǐi dam
マーニーのおじいさんは黒色の柱が欲しいです。

5 nay taw sǐi thaw mii fay　灰色のコンロの中には火があります。

6 ʔaa chuucay phaa khruu pay duu ram thay
チューチャイのおじさんは先生を連れてタイ舞踊を見に行きます。

7 mii plaa too dam nay naa ʔaa
おじさんの田んぼの中には黒い大きな魚がいます。

8 kɛɛ pay duu kaa sǐi thaw nay khǎw
あいつは山の中の灰色のカラスを見に行きます。

9 maanii ʔaw boo sǐi thaw maa
マーニーは灰色のリボンを持ってきました。

10 taa deechaa ʔaw sǎw sǐi dam pay
デーチャーのおじいさんは黒色の柱を持っていきます。

❷

1 อา มานี พา เขา ไป ดู ปู ดำ ใน รู
マーニーのおじさんは彼（女）を連れて穴の中の黒い蟹を見に行きます。

2 มี ไฟ ใน เตา สี ดำ　黒色のコンロの中に火があります。

3 ชูใจ เอา ยา ไป ทา ขา เดชา
チューチャイは薬を持ってデーチャーの脚に塗りに行きます。

4 ตา มานี ไป ดู ปลา สี ดำ ใน นา อา
マーニーのおじいさんはおじさんの田んぼの中の黒色の魚を見に行きます。

5 เดชา พา เขา ไป กำ ปู ใน รู
デーチャーは彼（女）を連れて穴の中の蟹を握りに行きます。

6 ครู เอา กา สี ดำ มา เท สาโท
先生が黒色のやかんを持ってどぶろくを注ぎに来ます。

7 ตา ชูใจ พา มานี ไป ไกล
チューチャイのおじいさんはマーニーを連れて遠くに行きます。
8 ใน นา อา มี ปลา สี เทา โต
おじさんの田んぼの中には大きな灰色の魚がいます。
9 ตา เดชา ไป ดู เสา สี ดำ
デーチャーのおじいさんは黒色の柱を見に行きます。
10 ชูใจ เท ยา สี ดำ ใน กา
チューチャイはやかんの中の黒色の薬を注ぎます。

❸

1 ตา มานี พา ชูใจ มา
2 เดชา เอา เตา ไป ทา สี ดำ
3 ครู ดู ปู ใน นา อา
4 ตา ชูใจ ไป เท สาเก ใน กา
5 (ใน) เตา สี ดำ โต มี ไฟ
6 มานี เอา โบ สี เทา ไป ดู รำ ไทย
7 เขา พา ชูใจ มา ไกล
8 กา เดชา ตี ปลา ใน นา
9 (ใน) กา สี ดำ โต มี สาโท
10 อา มานี เอา เสา สี เทา มา

5課　デーチャーはマーニーを訪ねていきます

❶

1 maanii phaa deechaa pay hǎa chuucay
マーニーはデーチャーを連れてチューチャイを訪ねていきます。
2 deechaa thɯ̌ɯ yaa sǐi thaw pay
デーチャーは灰色の薬を手に持っていきます。
3 taa chuucay khɔ̌ɔ yaa sǐi thaw
チューチャイのおじいさんは灰色の薬を欲しがっています。
4 taa chuucay thǔu khǎa
チューチャイのおじいさんは脚を擦ります。
5 ʔaa deechaa phaa maanii pay duu khǎw
デーチャーのおじさんはマーニーを連れて山を見に行きます。
6 nay khǎw mii ŋuu sǐi dam too
山の中には大きな黒色の蛇がいます。
7 deechaa hǎa cəə ŋuu dam nay ruu
デーチャーは探して穴の中の黒い蛇を見つけます。
8 deechaa phɔɔcay デーチャーは満足です。
9 khɔ̌ɔ duu ŋuu nay ruu 穴の中の蛇を見せてください。
10 maa duu ŋuu sǐi dam nay ruu way way
早く穴の中の黒色の蛇を見に来なさい。

❷

1 มี งู สี ดำ ใน เขา　山の中に黒色の蛇がいます。
2 อา ถือ ปู มา หา ตา มานี
おじさんは蟹を持ってマーニーのおじいさんを訪ねてきました。
3 ตา พา ชูใจ ไป หา เขา
おじいさんがチューチャイを連れて彼（女）を訪ねていきます。
4 มานี เอา ไห สี เทา มา เท สาเก
マーニーは灰色の甕を持って日本酒を注ぎに来ます。
5 อา เดชา เซ ไป เซ มา
デーチャーのおじさんはよろけていったりきたりしました。
6 ใน มือ ครู มี ปู ดำ โต
先生の手の中には大きな黒い蟹がいます。
7 ขอ ทา ยา สี เทา ใน ไห　甕の中の灰色の薬を塗らせてください。
8 ชูใจ พา อา ไป ดู งู ดำ ใน รู
チューチャイはおじさんを連れて穴の中の黒い蛇を見に行きます。
9 ตา เดชา ขอ สาโท
デーチャーのおじいさんはどぶろくを欲しがっています。
10 อา มานี ถู คอ ชูใจ
マーニーのおじさんはチューチャイの首を擦ります。

❸

1 อา มานี ถือ / เอา เตา มา ทำ ยา
2 เดชา หา เจอ เสา สี เทา
3 ใน ไห สาโท ดำ มี สาเก
4 เรา พา ชูใจ ไป ดู กา โต ใน เขา
5 ขอ ดู งู โต ใน นา
6 อา มานี กำ เหา โต ใน มือ
7 เดชา ถือ / เอา ยา ไป ทา ขา มานี
8 ตา ชูใจ เอา / ขอ ปลา สี เทา โต
9 มานี รอ อา ชูใจ
10 กา สี ดำ เจอ งู โต ใน รู

6課　チューチャイは脚をなめる虎を見ます

❶

1 phǔa mia pay hǎa taa maanii
夫婦はマーニーのおじいさんを訪ねていきます。
2 phǔa mia thɯ̌ɯ plaa sǐi thaw maa　夫婦は灰色の魚を持ってきました。

3 taa maanii hǎa klɯa nay khrua
マーニーのおじいさんは台所の中で塩を探します。
4 khǎw cəə klɯa nay kaa sǐi dam
彼は黒色のやかんの中に塩を見つけました。
5 maanii rɔɔ taa tham plaa phǎw
マーニーは焼き魚を作るおじいさんを待ちます。
6 maanii phaa phǔa mia pay duu wua nay naa
マーニーは夫婦を連れて田んぼの中の牛を見に行きます。
7 nay naa taa mii wua sǐi thaw
おじいさんの田んぼの中には灰色の牛がいます。
8 maanii thǔu hǔa wua duu マーニーは牛の頭を擦ってみます。
9 maanii cəə sɯ̌a too nay khǎw
マーニーは山の中の大きな虎を見つけました。
10 khray klua sɯ̌a too lia khǎa 誰が脚をなめる大きな虎を怖がりますか？

❷

1 อา เดชา ตี แฉ สี ดำ
デーチャーのおじさんは黒色のシンバルを叩きます。
2 มานี พา ผัว เมีย มา ดู วัว เลีย ขา
マーニーは夫婦を連れて脚をなめる牛を見に来ました。
3 ชูใจ กลัว เสือ โต ใน เขา
チューチャイは山の中の大きな虎を怖がります。
4 ตา เดชา เลีย เกลือ ดู
デーチャーのおじいさんは塩をなめてみます。
5 อา มานี ถู หัว ใคร マーニーのおじさんは誰の頭を擦りますか？
6 ชูใจ ถือ ปลา มา ทำ ปลา เผา
チューチャイは魚を持って焼魚を作りに来ました。
7 ตา เดชา มี ฝีมือ ดี デーチャーのおじいさんは良い腕前です。
8 เมีย รอ ผัว พา ชูใจ มา
妻はチューチャイを連れてくる夫を待ちます。
9 อา มานี ขอ ยา ทา หัว
マーニーのおじさんは頭に塗る薬を欲しがっています。
10 ชูใจ หา เจอ ฝา กา ใน เตา
チューチャイは探してコンロの中のやかんのふたを見つけます。

❸

1 มานี กลัว เสือ เลีย ขา
2 ตา เดชา เจอ เกลือ ใน ครัว

3 ผัว เมีย ทำ ปลา เผา มา
4 ชูใจ ถู หัว วัว ดู
5 ใคร เอา/ถือ ฝา กา ไป ปา
6 ครู มานี ไป ตี แฉ โต
7 เดชา รอ ตา เอา/ถือ ไห สาโท มา
8 ชูใจ หา เจอ งู โต ใน รู
9 ผัว พา เมีย ไป ดู รู งู ใน นา
10 ตา มานี มี ฝีมือ ดี

7課　マーニーは焼魚を作ることができます

❶

1 maanii pay hǎa deechaa nay pàa
マーニーは森の中にデーチャーを訪ねていきました。
2 maanii duu kày tua dam nay pàa
マーニーは森の中に黒い鶏を見ました。
3 deechaa mii kày pàa kìi tua
デーチャーは何羽野生の鶏を持っていますか？
4 khǎw mii kày pàa kâaw tua　　彼は9羽野生の鶏を持っています。
5 maanii hǎa klɯa nay khrua　　マーニーは台所の中で塩を探します。
6 maanii cəə taw kàw nay khrua
マーニーは台所の中で古いコンロを見つけました。
7 maanii ʔaw taw pay tham kày phǎw
マーニーはコンロを持って焼鳥を作りに行きます。
8 tὲɛ deechaa bɯ̀a kày pàa phǎw
しかし、デーチャーは焼鳥に飽きました。
9 maanii hǎa cəə plaa nay naa pâa
マーニーはおばさんの田んぼの中を探して魚を見つけました。
10 maanii tham plaa phǎw dâay
マーニーは焼き魚を作ることができました。

❷

1 ป้า เดชา ไป ดู เสือ ตัว โต ใน ป่า
デーチャーのおばさんは森の中の大きな虎を見に行きます。
2 มานี เจอ เต่า ตัว ดำ กี่ ตัว
マーニーは黒い亀を何匹見つけましたか？
3 อา ชูใจ เบื่อ ไก่ เผา
チューチャイのおじさんは焼鳥に飽きました。

4 ปู่ เดชา ได้ ปลา ตัว โต เก้า ตัว
デーチャーのおじいさんは大きな魚9匹を手に入れました。
5 ผัว รอ เมีย แต่ เจอ ป้า มานี
夫は妻を待ちましたが、マーニーのおばさんに会いました。
6 ชูใจ ถือ ยา ไป ทา ขา ตา ได้
チューチャイは薬を持っていっておじいさんの脚に塗ることができました。
7 ใน ป่า มี วัว ตัว เตี้ย กี่ ตัว 森の中には背の低い牛が何頭いますか？
8 ป้า มานี หา เจอ ตั๋ว เก่า
マーニーのおばさんは探して古い切符を見つけました。
9 เดชา ได้ รอ มานี เก้า ปี
デーチャーはマーニーを9年待ちました。
10 ใคร ไป ตี หัว งู ตัว โต ได้
誰が大きな蛇の頭を叩きに行くことができますか？

❸

1 อา ชูใจ ทำ ปู เผา/ย่าง ได้
2 ตา/ปู่ มานี มี วัว (ตัว) เตี้ย กี่ ตัว
3 เดชา ได้ ดู เสือ (ตัว) ดำ โต
4 ป้า เอา/ถือ ปลา เก้า ตัว ไป ทำ ปลา เผา
5 ผัว เมีย ไป หา วัว ใน ป่า แต่ เจอ เสือ
6 อา มานี เบื่อ สาโท
7 ป้า เดชา ได้ ฝา กา เก่า
8 ชูใจ หา เจอ ตั๋ว สี เทา
9 อา มานี ดู ไก่ ป่า เก้า ตัว ใน เขา
10 กา ตี หัว วัว (ตัว) โต ได้

8課　デーチャーはマーニーに見に行かせます

❶

1 deechaa sày sʉ̂a sǐi dam pay hǎa maanii
デーチャーは黒色の服を着てマーニーを訪ねていきました。
2 maanii phaa deechaa khâw pàa nay khǎw
マーニーはデーチャーを連れて山の中の森に入りました。
3 maanii thʉ̌ʉ sʉ̀a pay puu nay pàa
マーニーはござを持って森の中に敷きに行きました。
4 maanii hây deechaa pay duu ŋuu tua too nay thâm
マーニーはデーチャーに洞窟の中の大きな蛇を見に行かせました。
5 ŋuu too hâa tua hàw khùu deechaa
大きな蛇5匹がデーチャーに吠えて脅します。

6 thâa deechaa klua ŋuu maanii kɔ̂ɔ klua
もしデーチャーが蛇を怖がれば、マーニーも怖いでしょう。
7 maanii tham plaa phǎw sìi tua hây deechaa
マーニーはデーチャーに焼魚4匹を作ってあげました。
8 deechaa hǎa khày kày sǐi thaw maa hây maanii
デーチャーは灰色の卵を探してきてマーニーにあげました。
9 deechaa hây maanii pay hǎa puu nay naa
デーチャーはマーニーに田んぼの中の蟹を探しに行かせました。
10 maanii hǎa cəə puu hâa tua nay naa ʔaa
マーニーはおじさんの田んぼの中を探して蟹を5匹見つけました。

❷
1 มานี เข้า ไป ดู เสือ เห่า ใน ป่า
マーニーは森の中に入っていって吠えている虎を見ます。
2 ถ้า เดชา ไป รำ ไทย ชูใจ ก็ ไป รำ
もしデーチャーがタイ舞踊を踊りに行けば、チューチャイも踊りに行きます。
3 ผัว ให้ เมีย ไป ทำ ปลา เผา 夫は妻に焼魚を作りに行かせます。
4 ปู่ มานี ใส่ เสื้อ สี เทา มา หา ป้า
マーニーのおじいさんは灰色の服を着ておばさんを訪ねてきました。
5 อา เดชา มี วัว เตี้ย ห้า ตัว
デーチャーのおじさんは背の低い牛を5頭持っています。
6 ชูใจ ถือ ผ้า ไป รอ มานี
チューチャイは布を持ってマーニーを待ちに行きます。
7 ป้า เอา เสื่อ มา ปู ใน ครัว
おばさんはござを持って台所の中に敷きに来ます。
8 ถ้า เดชา ได้ งู ตัว โต ก็ พอใจ
もしデーチャーが大きな蛇を手に入れたら、満足です。
9 ตา มานี หา เจอ ไข่ ไก่ ใน เขา
マーニーのおじいさんは山の中を探して鶏卵を見つけました。
10 ใคร ให้ เดชา ไป ตี หัว มานี
誰がデーチャーにマーニーの頭を叩きに行かせたのですか？

❸
1 ถ้า เดชา ใส่ เสื้อ สี เทา ก็ พอใจ
2 มานี ให้ ชูใจ ไป หา เกลือ ใน ครัว
3 งู (ตัว) โต ห้า ตัว ต่อสู้ เสือ ใน ป่า
4 ตา/ปู่ เดชา ใส่ ไข่ ไก่ ใน กา ดำ
5 มานี มี เสื้อ สี เทา กี่ ตัว
6 ผัว เอา/ถือ ถั่ว ไป ให้ เมีย

7 อา เจอ ปู (ตัว) โต สี่ ตัว ใน รู
8 ชูใจ ให้ เดชา ถู คอ วัว
9 ปู่/ตา มานี ปู เสื่อ สี เทา ใน ถ้ำ
10 ป้า เดชา เอา/ถือ ผ้า (ตัว) ดำ มา ให้ เดชา

9課　チューチャイはいつ来ましたか？

❶

1 mʉ̂a cháaw níi phɔ̂ɔ mɛ̂ɛ phaa chuucay pay hǎa deechaa
今朝両親はチューチャイを連れてデーチャーを訪ねていきました。

2 mʉ̂a deechaa cəə chuucay　khǎw phaa chuucay pay nay khrua
デーチャーがチューチャイに会うと、彼はチューチャイを連れて台所の中に行きました。

3 pùu deechaa tham plaa phǎw hâa tua nay khrua
デーチャーのおじいさんは台所の中で焼魚5匹を作っていました。

4 mɛ̂ɛ chuucay sʉ́ʉ nʉ́a wua maa hây pùu deechaa
チューチャイのお母さんは牛肉を買ってきてデーチャーのおじいさんにあげました。

5 khǎw kɔ̂ɔ diicay mʉ̂a duu nʉ́a wua　牛肉を見ると、彼は喜びました。

6 pùu hây deechaa pay hǎa hǎy sǎathoo phʉ̂a phɔ̂ɔ chuucay
おじいさんはデーチャーに、チューチャイのお父さんのためにどぶろくの甕を探しに行かせました。

7 deechaa hǎa hǎy sǎathoo tɛ̀ɛ mây cəə
デーチャーはどぶろくの甕を探しましたが見つかりません。

8 khǎw kɔ̂ɔ ʔaw náam maa hây phɔ̂ɔ chuucay
そのため、彼は水を持ってきてチューチャイのお父さんにあげました。

9 phɔ̂ɔ mɛ̂ɛ chuucay maa hǎa deechaa mʉ̂aray
チューチャイの両親はいつデーチャーを訪ねてきましたか？

10 khǎw maa hǎa deechaa mʉ̂a cháaw níi
彼らは今朝デーチャーを訪ねてきました。

❷

1 พ่อ เดชา ไม่ ไป ซื้อ เสื่อ
デーチャーのお父さんはござを買いに行きません。

2 มานี กลัว เสือ เมื่อ เข้า ไป ใน ป่า
森の中に入っていくと、マーニーは虎を怖がりました。

3 แม่ ใช้ เกลือ ใน ครัว เพื่อ ทำ ปลา เผา
お母さんは焼魚を作るために台所の中の塩を使います。

4 ชูใจ ใส่ เสื้อ ตัว นี้ ไป หา อา เมื่อไร
チューチャイはいつこの服を着ておじさんを訪ねていきますか？
5 เมื่อ เช้า นี้ เดชา แพ้ ยา ดำ
今朝デーチャーは黒い薬に負けました（かぶれました）。
6 ผัว เมีย หา เนื้อ ไก่ แต่ ไม่ เจอ
夫婦は鶏肉を探しますが見つかりません。
7 ถ้า ปี นี้ มี น้ำ ใน นา ตา ก็ พอใจ
もし今年田んぼの中に水があれば、おじいさんも満足します。
8 มานี ถือ โบ สี เทา ไป รำ ไทย เมื่อไร
マーニーはいつ灰色のリボンを持ってタイ舞踊を踊りに行くのですか？
9 ย่า ชูใจ ดีใจ เมื่อ ดู ปลา ตัว โต ใน นา
田んぼの中の大きな魚を見ると、チューチャイのおばあさんは喜びました。
10 วัว ตัว นี้ มี หัว โต แต่ ตัว เตี้ย
この牛は頭は大きいですが体（背）は低いです。

❸
1 เดชา ไป ซื้อ เนื้อ ไก่ แต่ ไม่ เจอ
2 ย่า ถู หัว วัว ไม่ ได้
3 ชูใจ ใส่ เสื้อ ตัว นี้ เมื่อไร
4 พ่อ แม่ พา ชูใจ เข้า ไป ใน ถ้ำ
5 เมื่อ เช้า นี้ เดชา ทำ ยา เพื่อ ตา/ปู่
6 ป้า ไม่ ได้ ดู เสือ (ตัว) โต ใน เขา
7 เมื่อ มานี ไป หา ตา/ปู่ ก็ ดีใจ
8 อา เดชา ใช้ เตา ทำ ปลา เผา
9 ปู ตัว นี้ ไม่ น่า ซื้อ
10 ชูใจ ไป หา ไข่ กา เมื่อไร

10課　デーチャーはご飯を食べました

❶
1 mûa cháaw níi chuucay thaan khâaw thîi baan
今朝チューチャイは家でご飯を食べました。
2 thaan khâaw lɛ́ɛw chuucay pay rooŋrian
ご飯を食べてから、チューチャイは学校に行きました。
3 chuucay thɯ̌ɯ plaa sɔ̌ɔŋ tua pay rooŋrian
チューチャイは魚を2匹持って学校に行きました。
4 khǎw líaw khwǎa khâw pay nay ráan kày yâaŋ
彼女は右に曲がって焼鳥屋に入っていきました。

5   chuucay rɔɔ deechaa thîi ráan kày yâaŋ
    チューチャイは焼鳥屋でデーチャーを待ちました。

6   deechaa sày sɯ̂a tua dam maa hǎa chuucay
    デーチャーは黒い服を着てチューチャイのところにやってきました。

7   khǎw ʔaw puu too sǎam tua maa hây chuucay
    彼は大きな蟹3匹を持ってきてチューチャイにあげました。

8   deechaa líaw sáay pay hǎa phɯ̂an thîi bâan khǎw
    デーチャーは左に曲がって彼の友達を家に訪ねていきました。

9   tɛ̀ɛ phɯ̂an deechaa pay rooŋrian lɛ́ɛw
    しかし、デーチャーの友達は学校に行ってしまいました。

10 mɯ̂a deechaa mây dây cəə phɯ̂an   khǎw kɔ̂ɔ phaa chuucay pay
    rooŋrian
    デーチャーは友達に会えなかったので、チューチャイを連れて学校に行きまし
    た。

❷
1   แม่ ชูใจ ไป ซื้อ ข้าว ที่ ร้าน
    チューチャイのお母さんは店にご飯を買いに行きます。

2   อา เดชา เลี้ยว ขวา ไป ดู นา แล้ว
    デーチャーのおじさんは右に曲がって田んぼを見に行きました。

3   พ่อ มานี ไม่ ได้ ใช้ เตา เพื่อ ทำ ปลา เผา
    マーニーのお父さんは焼魚を作るためにコンロを使いませんでした。

4   มี วัว ตัว เตี้ย สอง สาม ตัว ใน ป่า
    森の中に背の低い牛が2～3頭います。

5   ถ้า เดชา ไป ทาน ไก่ ย่าง   เขา ก็ ดีใจ
    もしデーチャーが焼き鳥を食べに行けば、彼も喜びます。

6   เพื่อน ชูใจ มา หา มานี ที่ บ้าน
    チューチャイの友達は家にマーニーを訪ねてきました。

7   เมื่อ เช้า นี้ เดชา ไม่ ได้ ไป โรงเรียน
    今朝デーチャーは学校に行きませんでした。

8   ปู่ มานี ทำ สาโท แล้ว   เอา ไป เท ใส่ ใน ไห
    マーニーのおじいさんはどぶろくを作って、それから持っていって甕の中に
    注ぎ入れました。

9   ป้า ดู ซ้าย มือ เพื่อ หา ปลา ตัว โต
    大きな魚を探すためにおばさんは左の方を見ました。

10 ผัว ให้ เมีย ทาน น้ำ ร้อน ใน บ้าน
    夫は妻に家の中で熱い水（湯）を飲ませます。

❸

1 พ่อ ชูใจ ทาน ไก่ ย่าง ที่ ร้าน
2 เดชา ให้ เพื่อน เลี้ยว ขวา
3 แม่ มานี ไป ซื้อ น้ำ เมื่อไร
4 (ที่) บ้าน ตา/ปู่ มี วัว (ตัว) ดำ สอง สาม ตัว
5 เมื่อ เช้า นี้ ชูใจ ใส่ เสื้อ สี เทา ไป โรงเรียน
6 ทาน ข้าว แล้ว เดชา ไป หา มานี
7 มี เสือ (ตัว) โต ขู่ งู ใน ซ้าย มือ
8 มานี ไป บ้าน ใคร
9 มี ข้าว ใน นา อา
10 ชูใจ ทาน ข้าว ที่ โรงเรียน มา (แล้ว)

11課 この服はいくらですか？

❶

1 maanii ʔɔ̀ɔk càak bâan pay sɯ́ɯ puu
マーニーは家を出て蟹を買いに行きました。
2 nay ráan mii puu sĭi thaw too
店の中には大きな灰色の蟹がありました。
3 maanii thăam pâa wâa puu tua níi thâwray
マーニーはおばさんに、この蟹はいくらですか、と尋ねました。
4 pâa tɔ̀ɔp wâa pɛ̀ɛt bàat おばさんは、8バーツです、と答えました。
5 maanii sɯ́ɯ puu hâa tua lɛ́ɛw rîip pay hăa chuucay
マーニーは蟹を5匹買って、急いでチューチャイを訪ねていきました。
6 mɛ̂ɛ chuucay bɔ̀ɔk wâa chuucay pay ʔàap náam
チューチャイのお母さんは、チューチャイは水浴びに行きました、と答えました。
7 maanii tham puu phăw phûa chuucay
マーニーはチューチャイのために焼蟹を作りました。
8 mûa chuucay cəə maanii khăw kɔ̂ɔ diicay
チューチャイがマーニーと会うと、彼女も喜びました。
9 chuucay bɔ̀ɔk maanii wâa chɔ̂ɔp puu phăw mâak
チューチャイはマーニーに、焼蟹がとても好きです、と言いました。
10 phɔ̂ɔ chuucay kɔ̂ɔ pay sɯ́ɯ kày yâaŋ maa hây maanii
チューチャイのお父さんも焼鳥を買いに行ってきてマーニーにくれました。

❷

1 พ่อ ชูใจ มี วัว เท่าไร
チューチャイのお父さんは牛をいくら持っていますか？。

2 มานี ชอบ ทาน ไก่ ย่าง ที่ ร้าน
マーニーは店で焼鳥を食べるのが好きです。

3 อา เดชา ถาม ว่า ใคร ตี หัว
デーチャーのおじさんは、誰が頭を叩いたのですか、と尋ねました。

4 แม่ ตอบ ชูใจ ว่า เขา ไม่ ได้ ซื้อ เสื้อ ตัว นี้
お母さんはチューチャイに、彼女はこの服を買いませんでした、と答えました。

5 มานี ออก จาก โรงเรียน ไป บ้าน เพื่อน
マーニーは学校を出て友達の家に行きます。

6 ย่า ถาม ว่า ปลา ตัว นี้ เท่าไร
おばあさんは、この魚はいくらですか、と尋ねました。

7 อา บอก ว่า นี่ แปด บาท
おじさんは、これは8バーツです、と言いました。

8 ชูใจ ไม่ ชอบ ไป อาบ น้ำ
チューチャイは水浴びに行くのが好きではありません。

9 ถ้า มานี ไป หา ตา　ตา ก็ ดีใจ
もしマーニーがおじいさんを訪ねていけば、おじいさんも喜ぶでしょう。

10 ผัว รีบ มา หา เมีย เพื่อ พา ไป ทาน ข้าว
ご飯を食べに連れていくために、夫は急いで妻を訪ねてきました。

❸

1 ชูใจ ถาม ป้า ว่า อา มา เมื่อไร
2 ทาน ข้าว แล้ว　ลูก ออก จาก บ้าน ไป โรงเรียน
3 เสื้อ สี เทา ตัว นี้ เท่าไร
4 เดชา บอก ว่า ชอบ ทาน ไก่ ย่าง
5 พ่อ รีบ ไป ดู นา
6 ย่า / ยาย ชูใจ ตอบ ว่า นี่ แปด บาท
7 มานี ออก จาก ร้าน ไป หา เพื่อน
8 ใคร ให้ เดชา ไป หา ตา / ปู่
9 แม่ ไป ซื้อ ปลา เท่าไร / กี่ ตัว
10 ชูใจ ตอบ อา ว่า ชอบ อาบ น้ำ

12課　マーニーはチューチャイに会ったことがあります

❶

1 mɯ̂a cháaw níi maanii tɯ̀ɯn sǎay　今朝マーニーは寝坊しました。

2 maanii rîip phaa nɔ́ɔŋ sǎaw pay thaan kǔaytǐaw
マーニーは急いで妹を連れてクイティオを食べに行きました。

3 mɯ̂a khâw pay nay ráan　khǎw cəə deechaa
店の中に入ると、彼女はデーチャーに会いました。

4 deechaa kɔ̂ɔ phaa nɔ́ɔŋ chaay maa thaan kǔaytǐaw dûay
デーチャーも弟を連れてクイティオを食べにきてました。

5 maanii bɔ̀ɔk pâa wâa ʔaw kǔaytǐaw kày
マーニーはおばさんに、鶏クイティオを下さい、と言いました。

6 pâa tɔ̀ɔp wâa chûay tham dûay
おばさんは、作るのを手伝って、と答えました。

7 maanii kɔ̂ɔ chuay pâa tham kǔaytǐaw hây
そのため、マーニーはおばさんがクイティオを作るのを手伝ってあげました。

8 khǎw khəəy maa thaan kǔaytǐaw thîi ráan níi
彼女はこの店にクイティオを食べに来たことがあります。

9 mɯ̂a thaan lɛ́ɛw maanii phaa nɔ́ɔŋ sǎaw pay rooŋrian
食べおわると、マーニーは妹を連れて学校に行きました。

10 maanii rîip dəən pay rooŋrian tɛ̀ɛ maa sǎay
マーニーは急いで歩いて学校に行きましたが、遅刻しました。

❷

1 พ่อ ไม่ เคย ไป ดื่ม สาโท ที่ ร้าน ป้า
お父さんはおばさんの店でどぶろくを飲んだことがありません。

2 พี่ ชาย ออก จาก บ้าน ไป ดู นา
お兄さんは家を出て田んぼを見に行きます。

3 มานี ควร ช่วย แม่ ทำ ก๋วยเตี๋ยว
マーニーはお母さんがクイティオを作るのを手伝うべきです。

4 เมื่อ เช้า นี้ น้อง สาว ชูใจ ตื่น สาย
今朝チューチャイの妹は寝坊しました。

5 เดชา คืน เสื้อ ตัว นี้ ให้ มานี เมื่อไร
デーチャーはいつこの服をマーニーに返してあげるのですか？

6 เพื่อน พี่ ชาย ตอบ ว่า เคย เจอ ชูใจ
お兄さんの友達は、チューチャイに会ったことがあります、と答えました。

7 อา ไม่ ได้ ไป ซื้อ สาเก ด้วย
おじさんは日本酒も買いに行きませんでした。

8 เมื่อ คืน นี้ ชูใจ ไม่ ได้ เปิด ไฟ
昨夜チューチャイは明かりをつけませんでした。

9 ลูก สาว ชอบ เดิน ไป โรงเรียน
娘は歩いて学校に行くのが好きです。

10 ชูใจ ไม่ ควร ไป อาบ น้ำ ที่ ร้าน
チューチャイは店に水浴びに行くべきではありません。

❸

1 พี่ สาว เดชา เคย ไป หา อา
2 ชูใจ ไม่ ควร ตื่น สาย
3 พี่ ชาย พา น้อง ชาย ไป บ้าน อา
4 (มานี) ออก จาก โรงเรียน แล้ว   (มานี) ไป ทาน ก๋วยเตี๋ยว
5 เมื่อ คืน นี้ พ่อ ไม่ (ได้) ไป ซื้อ สาโท
6 ป้า ไม่ (ได้) ช่วย มานี ทำ ข้าว
7 ตา / ปู่ ชูใจ เดิน ไป ดู เขา สวย
8 ลูก ชาย เปิด ไฟ ใน บ้าน เมื่อไร
9 เดชา   ช่วย ด้วย
10 ชูใจ บอก น้อง ชาย ว่า ไม่ ควร เข้า ไป ใน ถ้ำ

13課　デーチャーは学校に行きたいです

❶

1 bâan chuucay yùu nay pàa　　チューチャイの家は森の中にあります。
2 nay bâan mii thûay sǐi khǐaw　家の中には緑色のカップがあります。
3 tɛ̀ɛ chuucay yàak dây thûay sǐi dɛɛŋ
　しかし、チューチャイは赤いカップが欲しかったのです。
4 chuucay ʔaw thûay sǐi khǐaw pay hǎa phɔ̂ɔ
　チューチャイは緑色のカップを持ってお父さんのところに行きました。
5 khǎw bɔ̀ɔk phɔ̂ɔ wâa yàak dây thûay sǐi dɛɛŋ yàaŋ níi
　彼女はお父さんに、このような赤色のカップが欲しいです、と言いました。
6 phɔ̂ɔ tɔ̀ɔp wâa yàa pay sɯ́ɯ　phɔ̂ɔ sɯ́ɯ maa hây
　お父さんは、買いに行くな、お父さんが買ってきてあげる、と答えました。
7 phɔ̂ɔ ʔɔ̀ɔk càak bâan pay khǎay khày kày
　お父さんは家を出て鶏卵を売りに行きました。
8 chuucay thǔu caan sǐi khǎaw yùu nay bâan
　チューチャイは家の中で白色の皿を磨いていました。
9 mɯ̂a phɔ̂ɔ khâw maa nay bâan　khǎw kɔ̂ɔ rîak chuucay
　お父さんが家の中に入ってくると、彼はチューチャイを呼びました。
10 phɔ̂ɔ sɯ́ɯ thûay sǐi dɛɛŋ maa hây chuucay
　お父さんはチューチャイに赤いカップを買ってきてあげました。

❷

1 อย่า ไป ดู เสือ ใน เขา
　山の中に虎を見に行くな。
2 น้อง ชาย อยาก ทำ ไก่ ย่าง
　弟は焼鳥を作りたいです。

3 มานี รอ เดชา นาน ที่ ร้าน ก๋วยเตี๋ยว
マーニーはクイティオ屋で長い間デーチャーを待ちました。
4 แม่ ชูใจ ออก จาก บ้าน ก่อน พ่อ
チューチャイのお母さんはお父さんよりも前に家を出ました。
5 ผัว เรียก เมีย แล้ว แต่ เมีย ไม่ ได้ มา
夫は妻を呼びましたが、妻は来ませんでした。
6 เพื่อน พี่ สาว อยาก ได้ ผ้า สี เขียว อย่าง นี้
お姉さんの友達はこのような緑色の布が欲しいです。
7 อา ขาย ถ้วย สี แดง อยู่ おじさんは赤色のカップを売っています。
8 มานี ใช้ ช้อน ทาน ข้าว ใน บ้าน
マーニーは家の中でスプーンを使ってご飯を食べます。
9 พี่ สาว ถือ ชาม สี ขาว ไป ด้วย
お姉さんは白色の茶碗も一緒に持っていきます。
10 ตา ให้ เดชา เท สาเก ใส่ ใน แก้ว
おじいさんはデーチャーに日本酒をコップの中に注ぎ入れさせます。

❸
1 น้อง สาว มานี อยาก ใส่ เสื้อ สี แดง
2 เดชา ไม่ อยู่ ใน บ้าน
3 พ่อ เรียก ชูใจ แล้ว แต่ ชูใจ ไม่ (ได้) มา
4 พี่ ชาย ไม่ (ได้) ไป โรงเรียน นาน
5 แม่ ทำ ปลา เผา อย่าง นี้ ไม่ ได้
6 น้อง ชาย มานี เท น้ำ ใส่ ใน แก้ว
7 เดชา ไม่ อยาก ได้ ถ้วย สี เขียว
8 ชูใจ อย่า ใช้ ช้อน ทาน ก๋วยเตี๋ยว
9 บ้าน เพื่อน มานี อยู่ ใน ป่า
10 เดชา ก็ อยาก ไป ดู รำ ไทย ด้วย

14課　チューチャイはどこから来ましたか？

❶
1 mɯ̂a khɯɯn níi phɔ̂ɔ mɛ̂ɛ phaa maanii pay ráan ʔaahǎan mày
昨夜両親はマーニーを連れて新しい食堂に行きました。
2 maanii thǎam phɔ̂ɔ wâa ráan mày yùu thîi nǎy
マーニーはお父さんに、新しい店はどこにあるのですか、と尋ねました。
3 phɔ̂ɔ tɔ̀ɔp wâa yùu nâa bâan deechaa
お父さんは、デーチャーの家の前にあるよ、と答えました。

4 mii mǎa sɔ̌ɔŋ sǎam tua dəən yùu nâa ráan
店の前には犬が2〜3頭歩いていました。
5 mʉ̂a khâw pay nay ráan maanii cəə mɔ̌ɔ
店の中に入ると、マーニーはお医者さんに会いました。
6 mɔ̌ɔ thaan kǔaytǐaw mǔu yùu nay ráan
お医者さんは店の中で豚クイティオを食べていました。
7 maanii thǎam wâa mii kɛɛŋ khǐaw wǎan rʉ̌ʉ plàw
マーニーは、グリーンカレーはありますか、と尋ねました。
8 mɛ̂ɛ tɔ̀ɔp wâa ráan níi mii ʔaahǎan lǎay yàaŋ
お母さんは、この店にはたくさんの種類の料理があるよ、と答えました。
9 phɔ̂ɔ bɔ̀ɔk wâa ʔaw khâaw kɛɛŋ khǐaw wǎan sǎam caan
お父さんは、グリーンカレーご飯を3皿下さい、と言いました。
10 mʉ̂a thaan kɛɛŋ khǐaw wǎan lɛ́ɛw maanii kɔ̂ɔ phɔɔcay
グリーンカレーを食べて、マーニーは満足しました。

❷
1 มานี ชอบ ไป หา หมอ หรือ เปล่า
マーニーは医者を訪ねていくのが好きですか？
2 ร้าน อาหาร ใหม่ อยู่ ที่ ไหน
新しい食堂はどこにありますか？
3 ชูใจ ทำ แกง เขียว หวาน ได้ ไหม
チューチャイはグリーンカレーを作ることができますか？
4 เขา ไม่ เคย ไป เมือง หนาว หรือ
彼（女）は寒い国に行ったことがないのですか？
5 มี หมา หลาย ตัว เลีย ขา อยู่ หน้า บ้าน
家の前には脚をなめているたくさんの犬がいます。
6 ป้า เดชา ไป ไหน มา
デーチャーのおばさんはどこに行ってきたのですか？
7 มานี ไม่ ควร ทาน ก๋วยเตี๋ยว หมู
マーニーは豚クイティオを食べるべきではありません。
8 พี่ สาว เข้า ไป ใน เมือง เพื่อ ซื้อ แก้ว
お姉さんはコップを買うために町の中に入っていきました。
9 เดชา ใส่ เสื้อ สี เหลือง ไป โรงเรียน
デーチャーは黄色の服を着て学校に行きます。
10 ไป ทาน ข้าว ที่ ไหน ดี
どこにご飯を食べに行けばいいでしょうか？

❸

1 น้อง ชาย ชูใจ มา จาก ไหน
2 บ้าน มานี อยู่ ใน เมือง
3 พ่อ ไม่ อยาก ทาน แกง เขียว หวาน หรือ
4 (ที่) ร้าน ป้า มี เสื้อ สี เหลือง หลาย ตัว
5 พี่ สาว เดชา เคย เจอ ชูใจ ไหม / หรือ เปล่า
6 ไป ร้าน อาหาร ไหน ดี
7 เขา ไม่ เคย ไป เมือง ไทย
8 มี หมา หลาย ตัว (อยู่) หน้า บ้าน มานี
9 ตา / ปู่ ไป หา หมอ ไหม / หรือ เปล่า
10 อา เดชา (ได้) ซื้อ ถ้วย สี เขียว ใหม่

15課　彼の名前は何ですか？

❶

1 maanii mii phɯ̂an chɯ̂ɯ sùdaa
マーニーにはスダーという名前の友達がいます。
2 bâan sùdaa yùu nâa rooŋrian　スダーの家は学校の前にあります。
3 sùdaa phaa maanii khâw pay nay sǔan
スダーはマーニーを連れて庭に入っていきました。
4 mii mǎa dùʔ lǎay tua thîi saalaa あずまやに獰猛な犬が2〜3頭いました。
5 maanii rîip ʔɔ̀ɔk càak sǔan khâw bâan sùdaa
マーニーは急いで庭を出てスダーの家に入りました。
6 mɛ̂ɛ sùdaa ʔaw malakɔɔ maa hây
スダーのお母さんがパパイヤを持ってきてくれました。
7 maanii thǎam sùdaa wâa mɛ̂ɛ chɯ̂ɯ ʔaray
マーニーはスダーに、お母さんの名前は何ですか、と尋ねました。
8 sùdaa tɔ̀ɔp wâa khǎw chɯ̂ɯ maalii
スダーは、名前はマーリーだよ、と答えました。
9 phɔ̂ɔ maa thǎam maanii wâa càʔ thaan ʔaray dii
お父さんが来てマーニーに、何を食べればいいかな、と尋ねました。
10 maanii tɔ̀ɔp wâa yàak thaan mamûaŋ
マーニーは、マンゴーが食べたいです、と答えました。

❷

1 พ่อ ชูใจ ชื่อ อะไร
チューチャイのお父さんの名前は何ですか？
2 เดชา จะ ไป หา สุดา เมื่อไร
デーチャーはいつスダーを訪ねていくつもりですか？

3 ป้า ใส่ มะเขือ ทำ แกง เขียว หวาน
おばさんはなすを入れてグリーンカレーを作ります。
4 แม่ ไป ซื้อ ทุเรียน ที่ ร้าน อา
お母さんはおじさんの店にドリアンを買いに行きます。
5 มานี เจอ เสือ ดุ หลาย ตัว ใน ป่า
マーニーは森の中でたくさんの獰猛な虎に出会いました。
6 ป้า เดชา ถือ มะระ ไป หา หมอ
デーチャーのおばさんは苦瓜を持って医者を訪ねていきます。
7 มี อะไร อยู่ หน้า ศาลา ใน สวน
庭の中のあずま屋の前に何がいますか？
8 มานี ตอบ ว่า เขา อายุ สี่ ขวบ
マーニーは、彼（女）は4歳です、と答えました。
9 ไห หน้า บ้าน สุดา จุ น้ำ ได้ ไหม
スダーの家の前の甕には水を詰められますか？
10 ตา เดชา ไม่ อยาก ทำ อะไร
デーチャーのおじいさんは何もしたくありません。

❸
1 แม่ สุดา ชื่อ อะไร
2 มี หมา ดุ ห้า ตัว ใน บ้าน มานี
3 ป้า ไป ซื้อ กะทิ เพื่อ ทำ แกง
4 เดชา จะ ไป ทาน ทุเรียน ที่ สวน อา
5 พ่อ ชูใจ อายุ เท่าไร / กี่ ปี
6 เพื่อน มานี ไม่ ชอบ มะละกอ หรือ
7 ไห ตา / ปู่ จุ สาเก ได้
8 ใคร รอ สุดา หน้า ศาลา
9 ย่า / ยาย ปิติ จะ ไม่ ไป หา หมอ
10 มานี อยาก ทาน อะไร ที่ ร้าน อา

16課　ご飯を食べましょう

❶
1 sùdaa pay hǎa phɯ̂an thîi kòʔ　スダーは島に友達を訪ねていきました。
2 phɯ̂an sùdaa chɯ̂ɯ pitìʔ　スダーの友達の名前はピティです。
3 bâan pitìʔ mii kɛ̀ʔ lɛ́ʔ phɛ́ʔ yəʔyɛ́ʔ
ピティの家には羊とヤギがたくさんいます。
4 sùdaa thǎam pitìʔ wâa thammay mii kɛ̀ʔ lɛ́ʔ phɛ́ʔ yəʔyɛ́ʔ
スダーはピティに、なぜたくさん羊とヤギがいるのですか、と尋ねました。

5 pitìʔ tɔ̀ɔp wâa phrɔ́ʔ ʔaw pay khǎay nay mɯaŋ
ピティは、町に売りに行くためです、と答えました。

6 phɔ̂ɔ pitìʔ bɔ̀ɔk wâa khâw maa nay bâan thəʔ
ピティのお父さんが、家の中に入りましょう、と言いました。

7 mɯ̂a sùdaa lɛ́ʔ pitìʔ khâw pay nay bâan phɔ̂ɔ ʔaw ŋɔ́ʔ maa hây thaan
スダーとピティが家の中に入ると、お父さんはランブータンを持ってきて食べさせました。

8 mɛ̂ɛʔ pitìʔ thǎam sùdaa wâa thaan ŋɔ́ʔ yâak mǎy
ピティのお母さんはスダーに、ランブータンを食べるのは難しいですか、と尋ねました。

9 khǎw tɔ̀ɔp wâa thaan ŋâay phrɔ́ʔ khəəy than yəʔ
彼女は、たくさん食べたことがあるので簡単です、と答えました。

10 sùdaa diicay thîi dây thaan ŋɔ́ʔ thîi wǎan mâak
スダーはとても甘いランブータンを食べることができてうれしいです。

❷

1 บ้าน มานี มี แกะ และ ไก่ เยอะแยะ
マーニーの家には羊と鶏がたくさんいます。

2 สุดา ไป หา หมอ เถอะ　スダー、医者に行きましょう。

3 ชูใจ บอก ว่า ภาษา ไทย ไม่ ยาก
チューチャイは、タイ語は難しくないです、と言いました。

4 เมื่อ เช้า นี้ ทำไม แม่ หัวเราะ มานี
今朝なぜお母さんはマーニーを笑ったのですか？

5 เพราะ ว่า เขา ตื่น สาย　なぜなら彼女が寝坊したからです。

6 เดชา ไม่ ควร เตะ โต๊ะ ใคร
デーチャーは誰かの机を蹴るべきではありません。

7 พ่อ ไป ซื้อ เงาะ และ มะเขือ
お父さんはランブータンとなすを買いに行きます。

8 มานี ถาม พี่ สาว ว่า ชอบ ภาษา อะไร
マーニーはお姉さんに、何語が好きですか、と尋ねました。

9 สุดา ไม่ ได้ ไป ดู งู เพราะ กลัว มาก
とても怖いのでスダーは蛇を見に行きませんでした。

10 ปู่ อยาก เรียน ภาษา ที่ พูด ง่าย
おじいさんは簡単に話せる言語を学びたいです。

❸

1 ทำไม ย่า / ยาย ไป ซื้อ ปลา

2 เพราะ ว่า เขา (จะ) ทำ ปลา เผา

3 เดชา และ สุดา ไป หา มานี

4 ไป ดู เสือ ใน ป่า เถอะ
5 พ่อ พูด ภาษา ไทย ไม่ ได้
6 มี แกะ และ แพะ แปด ตัว ใน เกาะ
7 ตา / ปู่ บอก ชูใจ ว่า ทาน ข้าว มาก / เยอะแยะ (เถอะ)
8 ใน ร้าน พี่ สาว มี โต๊ะ และ เก้าอี้
9 สุดา ไป บ้าน มานี เพราะ อยาก เจอ (มานี)
10 แม่ เดชา ใส่ เงาะ ใน จาน ไหม / หรือ เปล่า

17課　僕は日本人です

❶

1 khun pen khon yîipùn chây mǎy　あなたは日本人ですか？
2 chây　phǒm pen khon yîipùn　はい。僕は日本人です。
3 khun khəəy pay mɯaŋ thay lɛ́ɛw rɯ̌ɯ yaŋ
あなたはタイに行ったことがありますか？
4 yaŋ　phǒm mây khəəy pay mɯaŋ thay tɛ̀ɛ yàak pay
まだです。僕はタイに行ったことはありませんが、行きたいです。
5 thammay khun yàak pay mɯaŋ thay
なぜあなたはタイに行きたいのですか？
6 phrɔ́ʔ phǒm chɔ̂ɔp kin ʔaahǎan thay
なぜなら、僕はタイ料理を食べるのが好きだからです。
7 thîi yîipùn kɔ̂ɔ mii ráan ʔaahǎan thay yə́ʔyɛ́ʔ
日本にもタイ料理屋がたくさんあります。
8 dichǎn càʔ tham ʔaahǎan thay hây khun
私があなたにタイ料理を作ってあげましょう。
9 khɔ̀ɔpkhun mâak　khun sùdaa　ありがとうございます、スダーさん。
10 mâypenray　khun taaroo　どういたしまして、太郎さん。

❷

1 แม่ มานี ไม่ ใช่ คน ญี่ปุ่น
マーニーのお母さんは日本人ではありません。
2 คุณ ตานากะ จะ ทำ อะไร　田中さんは何をするつもりですか？
3 เดชา เห็น แพะ หนึ่ง ตัว　デーチャーはヤギを1頭見かけます。
4 ผม ชอบ ใส่ น้ำ แข็ง ใน น้ำ
僕は水の中に氷を入れるのが好きです。
5 ปู่ เดชา เป็น หมอ ใช่ ไหม　デーチャーのおじいさんは医者ですか？
6 ชูใจ บอก พ่อ ว่า ขอบคุณ มาก
チューチャイはお父さんに、ありがとうございます、と言いました。

7 พ่อ ตอบ ว่า ไม่เป็นไร
お父さんは、どういたしまして、と答えました。
8 มานี ถาม สุดา ว่า จะ กิน อะไร ดี
マーニーはスダーに、何を食べればいいでしょうか、と尋ねました。
9 ปิติ เป็น คน ที่ ชอบ เรียน ภาษา
ピティは言語を勉強するのが好きな人です。
10 เพื่อน เดชา ไป โรงเรียน แล้ว หรือ ยัง
デーチャーの友達はもう学校に行ってしまいましたか？

❸

1 ตา / ปู่ คุณ ตานากะ เป็น คน ญี่ปุ่น ใช่ ไหม
2 เดชา เห็น เสือ หนึ่ง ตัว
3 ลูก ชาย ดิฉัน ไม่ ใช่ หมอ
4 สุดา ไม่ (ได้) กิน อะไร ที่ นั่น
5 ผม จะ ไป ซื้อ น้ำ แข็ง
6 แม่ ชูใจ บอก ว่า ขอบคุณ มาก
7 ปิติ ตอบ ป้า ว่า ไม่เป็นไร
8 คุณ ยามาดะ จะ ไป หา อา เมื่อไร
9 มานี มี พี่ น้อง กี่ คน
10 ป้า ชูใจ เป็น คน ที่ ขาย ข้าว (อยู่) ที่ ร้าน นั้น ใช่ ไหม

18課　何時に家を出ますか？

❶

1 mɯ̂a cháaw níi thammay khun taanaakàʔ maa sǎay kháʔ
田中さん、どうして今朝遅刻したのですか？。
2 phrɔ́ʔ wâa phǒm tɯ̀ɯn sǎay khráp　dây tɯ̀ɯn pɛ̀ɛt mooŋ cháaw khráp
なぜなら、僕は寝坊したからです。朝8時に目が覚めました。
3 khun mây khəəy maa sǎay khâʔ　thammay tɯ̀ɯn sǎay kháʔ
あなたはこれまで遅刻したことはなかったです。なぜ寝坊したのですか？
4 phrɔ́ʔ mɯ̂a khɯɯn níi klàp bâan thîaŋ khɯɯn khráp
なぜなら、昨夜12時に家に帰ったからです。
5 mɯ̂a khɯɯn níi pay nǎy maa kháʔ　昨夜どこに行ってきたのですか？
6 phǒm dây cəə phɯ̂an khon yîipùn lɛ́ʔ pay kin khâaw maa khráp
僕は日本人の友人と会ってご飯を食べに行ってきました。
7 dichǎn khít wâa khun khuan rîip klàp bâan khâʔ
私は、あなたが急いで家に帰るべきだ、と思います。
8 khɯɯn níi phǒm càʔ rîip klàp bâan phɯ̂a mây hây tɯ̀ɯn sǎay khráp
今夜僕は寝坊しないように急いで家に帰るつもりです。

9 dii khâʔ　càʔ klàp maa kìi mooŋ kháʔ
いいですね。何時に帰るつもりですか？
10 phǒm càʔ klàp maa kɔ̀ɔn hâa thûm khráp
僕は夜11時前には帰ってくるつもりです。

❷

1 ขอบคุณ มาก ค่ะ คุณ ยามาดะ
山田さん、ありがとうございました。
2 ไม่เป็นไร ครับ คุณ สุดา　どういたしまして、スダーさん。
3 เดชา จะ ออก จาก โรงเรียน กี่ โมง
デーチャーは何時に学校を出ますか？
4 เมื่อ เช้า นี้ มานี ตื่น ตี ห้า สิบ นาที
今朝マーニーは5時10分に目覚めました。
5 สุดา รอ พี่ สาว หก ชั่วโมง สี่ สิบ นาที
スダーはお姉さんを6時間40分待ちました。
6 อา กลับ บ้าน เที่ยง คืน เพราะ ได้ ไป กิน สาเก
おじさんは日本酒を飲みに行ったので夜12時に帰りました。
7 กฎหมาย ไม่ ให้ คน ออก จาก บ้าน ก่อน หก โมง เช้า
法律では朝6時以前に家を出ることが禁止されています。
8 ปิติ เห็น เสื้อ ยี่ สิบ เอ็ด ตัว ใน ร้าน ป้า
ピティはおばさんの店で服を21着見かけました。
9 มานี รัก เมือง ไทย และ ภาษา ไทย
マーニーはタイとタイ語を愛します。
10 มี คน ญี่ปุ่น เจ็ด สิบ คน เข้า มา ใน ร้าน อาหาร ไทย
日本人70人がタイ料理屋に入ってきました。

❸

1 พ่อ จะ อาบ น้ำ กี่ นาที
2 ผม ชื่อ ยามาดะ ครับ
3 เดชา คิด ว่า สุดา จะ มา สาย
4 แม่ มานี (ได้) ซื้อ เสื้อ สิบ เอ็ด ตัว มา
5 เมื่อ เช้า นี้ ปิติ (ได้) ตื่น ตี สี่
6 ร้าน ป้า จะ ปิด หก โมง (เย็น) ยี่ สิบ นาที
7 ชูใจ รัก พี่ ชาย และ พี่ สาว มาก
8 สุดา ปิด ไฟ ใน โรงเรียน ห้า สิบ วินาที
9 ควร (จะ) ทำ กฎหมาย (ที่) ไม่ ให้ ดื่ม / กิน / ทาน สาโท
10 ปรากฏ ว่า เมื่อ คืน นี้ คุณ ตานากะ ไม่ (ได้) กลับ บ้าน

19課　デーチャーは学校に行かねばなりません

❶

1 mây dây cəə maa naan khâʔ khun yaamaadàʔ
長いことお会いしませんでしたね、山田さん。

2 phǒm phêŋ klàp maa càak mɯaŋ thay khráp
僕はタイから戻ってきたばかりなのです。

3 khun tham ʔaray maa thîi mɯaŋ thay kháʔ
あなたはタイで何をしてきたのですか？

4 phǒm dây sɯ́ɯ khɔ̌ŋ lǎay yàaŋ maa khráp
僕はたくさんの種類のものを買ってきました。

5 sɯ́ɯ khɔ̌ŋ maa lɛ́ɛw càʔ tham ʔaray kháʔ
ものを買ってきてどうするのですか？

6 phǒm càʔ hǎa ŋən pə̀ət ráan ʔaahǎan thay khráp
僕はお金を探してタイ料理屋を開くつもりです。

7 dii khâʔ　càʔ tham tôm yam kûŋ rɯ̌ɯ plàw kháʔ
いいですね。トムヤムクンは作りますか？

8 tɔ̂ŋ tham khráp　càʔ mii kày yâaŋ lɛ́ʔ yam nɯ́a dûay khráp
もちろんです。焼鳥と牛肉ヤムもです。

9 mii khon thîi tham ʔaahǎan kèŋ rɯ̌ɯ plàw kháʔ
料理が上手な人はいるのですか？

10 hǎa khon kèŋ yùu khráp　càʔ khôy tham khôy pay khráp
上手な人を探しています。少しずつ進めていくつもりです。

❷

1 มานี ต้อง มา โรงเรียน ก่อน เพื่อน
マーニーは友達よりも前に学校に来なければなりません。

2 ดิฉัน เพิ่ง ทาน ต้ม ยำ กุ้ง มา ค่ะ
私はトムヤムクンを食べてきたばかりです。

3 เดชา ไม่ ค่อย ชอบ เรียน ภาษา ไทย
デーチャーはタイ語を勉強するのがあまり好きではありません。

4 เมื่อ เช้า นี้ ชูใจ กิน ก๋วยเตี๋ยว เป็ด น้อย
今朝チューチャイは少ししかアヒルクイティオを食べませんでした。

5 สุดา ไป ซื้อ ของ แล้ว ได้ ซื้อ หอย มา
スダーは買い物に行って貝を買ってきました。

6 ปิติ ไม่ อยาก ใส่ แว่น ไป หา ชูใจ
ピティは眼鏡をかけてチューチャイを訪ねていきたくありません。

7 คุณ ไม่ ต้อง คืน เงิน ให้ ผม ครับ
あなたは僕にお金を返す必要はありません。

8 เขา แจ้ง ว่า จะ ไม่ ทำ อาหาร เผ็ด
彼（女）は、辛い料理は作らないつもりです、と伝えました。

9 แม่ บอก ว่า ชูใจ พูด ภาษา ญี่ปุ่น ได้ นิดหน่อย
お母さんは、チューチャイは日本語を少し話せます、と言いました。

10 ดิฉัน ต้อง ไป ก่อน ค่ะ
私は先に行かなければなりません（お先に失礼します）。

❸

1 แม่ ทำ ต้ม ยำ กุ้ง เก่ง
2 ผม ต้อง ไป ก่อน (ครับ)
3 ปิติ ไม่ ค่อย ชอบ ใส่ แว่น
4 มานี เพิ่ง ออก จาก บ้าน
5 อา หา เงิน (แล้ว) ไป ซื้อ ของ
6 คุณ ไม่ ต้อง รีบ ไป หา เขา
7 เดชา อยาก กิน / ทาน เป็ด ย่าง
8 ทำไม อาหาร ไทย เผ็ด มาก
9 ย่า / ยาย แจ้ง ชูใจ ว่า จะ ไป หา พ่อ
10 สุดา ไป หา หอย แต่ เจอ น้อย

20課　こんにちは、お元気ですか？

❶

1 sawàtdii khráp khun sùdaa　　yindii thîi dây rúucàk khráp
こんにちは、スダーさん。はじめまして。

2 sawàtdii khâʔ khun noomuuráʔ　　dichǎn kɔ̂ɔ yindii khâʔ
野村さん、こんにちは。私もうれしいです。

3 khun rúucàk phɔ̂ɔ phǒm chây mǎy khráp
あなたは僕の父をご存知ですね？

4 rúucàk khâʔ　khǎw sabaay dii rɯ̌ɯ kháʔ
存じております。彼はお元気ですか？

5 sabaay dii khráp　phɔ̂ɔ bɔ̀ɔk wâa khəəy cəə khun sùdaa
元気です。父は、スダーさんに会ったことがある、と言ってました。

6 chây khâʔ　pay nǎy maa kháʔ
そうです。どちらに行ってきたのですか？

7 phǒm pay sɯ́ɯ khɔ̌ɔŋ thîi sayǎam maa khráp
僕はサイアムに買い物に行ってきました。

8 pay sɯ́ɯ khɔ̌ɔŋ thîi sayǎam sanùk mǎy kháʔ
サイアムでの買い物は楽しかったですか？

9 sanùk khráp tɛ̀ɛ tɔ̂ŋ dəən pay klay khráp
楽しかったのですが、遠くまで歩いていかなければなりません。

10 mây tɔ̂ŋ dəən klay khâʔ càʔ nâŋ rótfayfáa pay loŋ thîi sathǎanii sayǎam kɔ̂ɔ dâay khâʔ
遠くまで歩かなくてもいいのですよ。電車に乗っていってサイアム駅で降りてもいいのです。

❷

1 สวัสดี ค่ะ คุณ ยามาโมโต
こんにちは、山本さん。

2 ยินดี ที่ ได้ รู้จัก ครับ คุณ มาลี
はじめまして、マーリーさん。

3 ขอโทษ ค่ะ ดิฉัน ต้อง ไป ก่อน ค่ะ
すみません。私はお先に失礼します。

4 คุณ แม่ สบาย ดี หรือ ครับ
お母さんはお元気ですか？

5 ชูใจ ขึ้น รถ ไป สถานทูต ไทย
チューチャイは車に乗ってタイ大使館に行きます。

6 ฝรั่ง ชอบ เมือง ไทย เพราะ มี อาหาร อร่อย เยอะแยะ
おいしい料理がたくさんあるので西洋人はタイが好きです。

7 เดชา ลง รถไฟใต้ดิน ที่ สถานี สีลม
デーチャーはシーロム駅で地下鉄を降ります。

8 พ่อ อยาก ไป ซื้อ ของ ที่ ตลาด
お父さんは市場に買い物に行きたいです。

9 สวัสดี ปี ใหม่ ค่ะ คุณ ปู่
おじいさん、新年あけましておめでとうございます。

10 ป้า ปิติ ไม่ ค่อย สบาย หรือ
ピティのおばさんはあまり元気ではないのですか？

❸

1 มานี บอก พ่อ ว่า อยาก ไป สวน สนุก
2 คุณ รูจัก คุณ ตานากะ ไหม / หรือ เปล่า ครับ / คะ
3 เดชา ขึ้น / นั่ง รถไฟฟ้า จาก สถานี สยาม
4 สวัสดี ครับ / ค่ะ สบาย ดี หรือ ครับ / คะ
5 ยินดี (ที่ ได้) รู้จัก ครับ/ค่ะ คุณ ปิติ
6 มี ร้าน หลาย อย่าง ใน ตลาด เก่า
7 เดชา ถาม ว่า อาหาร ไทย อร่อย ไหม / หรือ เปล่า
8 ทำไม คน ไทย เรียก ว่า ฝรั่ง
9 ตา / ปู่ ชูใจ ไม่ ค่อย สบาย
10 แม่ ลง รถ หน้า สถานทูต ญี่ปุ่น

21課　マーニーはピティと親しいです

❶

1 mûawaanníi pay nǎy maa khráp 昨日どちらに行かれましたか？

2 chǎn pay hǎa chuucay khâʔ　sanìtsanǒm kan mâak khâʔ
私はチューチャイを訪ねていきました。とても親しいのです

3 tham ʔaray maa thîi bâan chuucay khráp
チューチャイの家で何をしてきたのですか？

4 chǎn tham khanǒm kàp chuucay khâʔ　sanùk mâak khâʔ
私はチューチャイと一緒にお菓子を作りました。とても楽しかったです。

5 bâan chuucay yùu thîi nǎy khráp
チューチャイの家はどちらにありますか？

6 yùu thîi thanǒn phayaathay khâʔ　loŋ rótfayfáa thîi sathǎanii phayaathay lɛ́ɛw dəən　troŋ pay khâʔ
パヤータイ通りです。パヤータイ駅で電車を降りてからまっすぐ歩いていきます。

7 phǒm yàak kin khanǒm thîi khun kàp chuucay tham
僕はあなたとチューチャイが作ったお菓子を食べたいです。

8 khɔ̌ɔthôot khâʔ　chǎn dây kin mòt lɛ́ɛw khâʔ
ごめんなさい。食べ尽くしてしまいました。

9 mâypenray khráp　lɛ́ɛw klàp bâan maa tɔɔn nǎy khráp
かまいません。それでいつ頃家に帰ったのですか？

10 klàp maa tɔɔn yen khâʔ　　夕方帰ってきました。

❷

1 ชูใจ กับ สุดา สนิทสนม กัน ไหม
チューチャイとスダーは親しいですか？

2 พ่อ ขึ้น รถ ที่ ถนน สุขุมวิท ไป ตลาด
お父さんはスクムウィット通りで車に乗って市場に行きます。

3 วันนี้ คุณ จะ ไป ทำ ขนม หรือ เปล่า
今日あなたは菓子を作りに行きますか？

4 โรงเรียน ของ ปิติ อยู่ ที่ ถนน พญาไท
ピティの学校はパヤータイ通りにあります。

5 เมื่อวานนี้ เดชา ไม่ ได้ นั่ง รถไฟฟ้า ไป บ้าน ชูใจ
昨日デーチャーは電車に乗ってチューチャイの家に行きませんでした。

6 พรุ่งนี้ ตอน บ่าย เจอ กัน ใหม่ ครับ
明日の午後またお会いしましょう。

7 เดชา กิน ข้าว หมด แล้ว หรือ
デーチャーはご飯を食べ尽くしてしまったのですか？

8 เมื่อคืนนี้ ทุก คน นอน หลับ สบาย
昨夜は皆気楽（快適）に眠りました。

9 ทำไม อา ออก จาก ร้าน ตอน ดึก
なぜおじさんは夜遅く店を出るのですか？
10 การ ที่ มานี ไป หา เขา นั้น ไม่ ควร บอก แม่
マーニーが彼（女）を訪ねていったことは、お母さんには言うべきではありません。

❸
1 มานี สนิทสนม กับ ใคร
2 ไม่ ค่อย มี น้ำ ใน นา ทุก ปี
3 พรุ่งนี้ เดชา จะ ตื่น กี่ โมง
4 ชูใจ กับ / และ สุดา ขึ้น / นั่ง รถไฟใต้ดิน ไป ถนน สุขุมวิท
5 คิด ว่า แม่ จะ กลับ มา ตอน บ่าย
6 อา (ได้) ซื้อ ขนม ที่ ตลาด มา ให้ มานี
7 เมื่อวานนี้ ปิติ (ได้) กิน / ทาน ข้าว หมด (แล้ว)
8 ไป ซื้อ ของ ที่ สยาม (ด้วย) กัน เถอะ
9 ย่า / ยาย (ได้) ลง รถไฟฟ้า ที่ สถานี พญาไท
10 ชูใจ อยาก ซื้อ เสื้อ ทุก ตัว ใน ร้าน

22課　政府は国を開発します

❶
1 prathêet thay mii phɔ̌n-lamáay mɯaŋ rɔ́ɔn lǎay yàaŋ
タイにはたくさんの種類の暑い国（熱帯）の果物があります。
2 khon thîi maa thîaw prathêet thay kɔ̂ɔ chɔ̂ɔp kin phɔ̌n-lamáay thay
タイに遊びに来る人もタイの果物を食べるのが好きです。
3 khǎw bɔ̀ɔk wâa phɔ̌n-lamáay thay ʔarɔ̀y mâak
彼らは、タイの果物はとてもおいしい、と言います。
4 khǎw yàak ʔaw phɔ̌n-lamáay thay klàp bâan
彼らはタイの果物を家に持って帰りたいです。
5 ʔàat càʔ mii khon yîipùn lǎay khon thîi thɯ̌ɯ mamûaŋ pay
マンゴーを携えていく日本人がたくさんいるかもしれません。
6 tɛ̀ɛ rát-thabaan yîipùn mây hây phɔ̌n-lamáay thay khâw maa nay yîipùn
しかし、日本政府はタイの果物を日本に入らせません。
7 rát-thabaan yîipùn khôot-sanaa wâa phɔ̌n-lamáay thay mii khun-naphâap mây phɔɔ
日本政府は、タイの果物の品質が十分ではない、と広報しています。
8 rát-thabaan thay kɔ̂ɔ khuan càʔ phát-thanaa phɔ̌n-lamáay thay hây dii khɯ̂n
タイ政府もタイの果物をより良く発展させるべきです。

9 khon thîi tham sǔan phǒn-lamáay kɔ̂ɔ tɔ̂ŋ phát-thanaa sǔan phǒn-lamáay
果樹園を行っている人も果樹園を発展させなければなりません。
10 thâa khun-naphâap khɔ̌ɔŋ phǒn-lamáay dii khɯ̂n lǎay prathêet kɔ̂ɔ khoŋ càʔ sɯ́ɯ phǒn-lamáay thay
もし果物の質が良くなれば、きっと多くの国がタイの果物を買うことでしょう。

❷

1 มี หลาย พัน คน รอ รถไฟ อยู่ ที่ สถานี
何千人もの人が駅で列車を待っています。
2 ต้อง พัฒนา คน ก่อน พัฒนา ประเทศ
国を開発する前に人を開発しなければなりません。
3 ผลไม้ ไทย มี คุณภาพ ดี ไหม
タイの果物の品質は良いですか？
4 ผม ไม่ เคย ไป เที่ยว พัทยา
僕はパッタヤーに遊びに行ったことはありません。
5 ปู่ เดชา รักษา สุขภาพ ได้ ดี
デーチャーのおじいさんは良く健康を維持できています。
6 ปิติ คง ไม่ มี ศัตรู ใน โรงเรียน
ピティは学校の中に敵がいないでしょう。
7 มานี ไม่ อาจ ไป เที่ยว อยุทยา ได้
マーニーはアユッタヤーに遊びに行けそうもありません。
8 สุดา ไม่ ได้ ดู โฆษณา
スダーは広告を見ませんでした。
9 พรุ่งนี้ เขา อาจ จะ ไป ดู วัด เก่า
明日彼（女）は古い寺を見に行くかもしれません。
10 ขอ ให้ ชูใจ มี เงิน ใช้ มาก
チューチャイに使えるお金がたくさんありますように。

❸

1 ชูใจ คง (จะ) ตื่น สาย
2 รัฐบาล ไทย ควร / น่า (จะ) พัฒนา ประเทศ
3 เสื้อ ตัว นี้ มี คุณภาพ ดี ไหม / หรือ เปล่า
4 เมื่อวานนี้ (ได้) ขึ้น / นั่ง รถไฟ ไป เที่ยว อยุธยา มา
5 พ่อ ปิติ มี ศัตรู มาก / เยอะแยะ / หลาย คน ไหม / หรือ เปล่า
6 ผม มี เงิน ห้า ร้อย สาม สิบ หก บาท
7 พรุ่งนี้ มานี อาจ (จะ) ไป หา ชูใจ
8 มี หมา มาก / เยอะแยะ / หลาย ตัว (อยู่) ใน วัด เก่า
9 ทำไม เดชา อยาก ไป พัทยา
10 ขอ ให้ (คุณ) ตา / ปู่ มี ความ สุข

23課　おじさんは家を建て終えました

❶

1 khun khəəy pay nákhɔɔn sǐitham-marâat lɛ́ɛw rʉ̌ʉ yaŋ
あなたはナコーンシータムマラートに行ったことはありますか？

2 yaŋ mây khəəy pay tɛ̀ɛ yàak pay dûay
まだ行ったことはありませんが、行きたいです。

3 phǒm phêŋ pay maa mʉ̂a dʉan phrʉ́t-sacikaayon thîi lɛ́ɛw
僕はこの前の11月に行ってきたばかりです。

4 mii ʔaray sanùk mǎy　何か面白いものがありましたか？

5 mii yə́ʔyɛ́ʔ　phǒm pay duu wát thîi phêŋ sâaŋ sèt
たくさんありました。僕は建て終わったばかりの寺を見に行きました。

6 lɛ́ɛw thîi wát mày nîi mii ʔaray thîi mây tham-madaa rʉ̌ʉ
その新しい寺には何か普通ではないものがあったのですか？

7 mii cɔɔ-rakhêe tua ciŋ lǎay tua yùu nay wát
本物のワニがたくさん寺の中にいたのです。

8 sâap mǎy wâa mii khon hěn cɔɔ-rakhêe nâa bɔɔ-risàt raw dûay
私たちの会社の前でもワニを見たという人がいるのをご存知ですか？

9 ciŋ rʉ̌ʉ　khǎw dây hěn mʉ̂aray
本当ですか？いつ見たのですか？

10 mʉ̂a wan phrʉ́hàt-sabɔɔdii thîi lɛ́ɛw　この前の木曜日です。

❷

1 ภรรยา ผม สามารถ พูด ภาษา อังกฤษ ได้ เก่ง
僕の妻は英語を上手に話すことができます。

2 พี่ ชาย จะ ไป เมือง ไทย ตั้งแต่ เมื่อไร
お兄さんはいつからタイに行くつもりですか？

3 พ่อ ยัง ไม่ กลับ มา จาก บริษัท
お父さんはまだ会社から帰ってきてません。

4 ตา เพิ่ง สร้าง บ้าน เสร็จ แล้ว
おじいさんは家を建て終えたばかりです。

5 ผม จะ ไป เที่ยว นครศรีธรรมราช ใน เดือน พฤษภาคม นี้
僕は今度の5月にナコーンシータムマラートに遊びに行くつもりです。

6 ปิติ ทราบ แล้ว ว่า มานี จะ ไป ประเทศ ญี่ปุ่น
ピティはマーニーが日本に行くことを知りました。

7 สุดา กลัว จระเข้ ใน แม่ น้ำ
スダーは水の母（川）の中にいるワニを怖がります。

8 น้อง สาว จะ ไป เที่ยว พัทยา ถึง วัน พฤหัสบดี
妹は木曜日までパッタヤーに遊びに行くつもりです。

9 จริง หรือ เปล่า ว่า มานี มี พี่ ชาย
マーニーにお兄さんがいるというのは本当ですか？

10 เขา จะ เรียน ภาษา ไทย ใน เดือน พฤศจิกายน
彼（女）は11月にタイ語を勉強するつもりです。

❸

1 มานี เห็น จระเข้ มาก / เยอะ แยะ / หลาย ตัว
2 พี่ ชาย จะ ไป เมือง / ประเทศ ไทย ตั้งแต่ เมื่อไร ถึง เมื่อไร
3 เดชา (ได้) มา สาย (เมื่อ) วัน พฤหัสบดี (ที่ แล้ว)
4 ชูใจ (จะ) ไป หา พ่อ ที่ บริษัท
5 ภรรยา / เมีย เพิ่ง ทำ ก๋วยเตี๋ยว เสร็จ
6 จะ ไป เที่ยว (ประเทศ) อังกฤษ ใน เดือน พฤษภาคม
7 ทราบ ไหม ว่า เขา เป็น หมอ
8 ปิติ บอก ว่า ไม่ จริง
9 อา ขึ้น / นั่ง รถไฟ มา จาก นครศรีธรรมราช
10 จะ สร้าง โรงเรียน เสร็จ ใน เดือน พฤศจิกายน นี้

24課　焼鳥が一番おいしいです

❶

1 kruŋthêep kàp ʔayút-thayaa khun chɔ̂ɔp thîi nǎy mâak kwàa kan
あなたはバンコクとアユッタヤーのどちらがより好きですか？

2 phǒm chɔ̂ɔp ʔayút-thayaa mâak kwàa phrɔ́ʔ mii wát kàw yə́ʔyɛ́ʔ
僕は古い寺がたくさんあるのでアユッタヤーのほうが好きです。

3 chǎn chɔ̂ɔp kruŋthêep mâak kwàa phrɔ́ʔ mii phíphít-thaphan thîi dii
私は良い博物館があるのでバンコクのほうが好きです。

4 chây　phíphít-thaphan nay kruŋthêep dii thîisùt
そうですね。バンコクの博物館は一番良いです。

5 khray thîi yàak rian prawàt chât thay kɔ̂ɔ tôŋ pay
タイ民族の歴史を勉強したい人は誰でも行かなければなりません。

6 tɛ̀ɛ phǒm khít wâa wát mahǎathâat thîi ʔayút-thayaa kɔ̂ɔ khuan pay duu
しかし、僕はアユッタヤーのマハータート寺院も見に行くべきだと思います。

7 wát níi dây sâaŋ khɨ̂n mɨ̂aray　この寺はいつ建てられたのですか？

8 khoŋ càʔ sâaŋ sèt nay pii phan kâaw rɔ́ɔy sìp cèt
（仏暦）1917年に完成したはずです。

9 kàw mâak　yàak rian prawàt ʔayút-thayaa ʔìik
とても古いですね。もっとアユッタヤーの歴史を勉強したいです。

10 thâa khâw mahǎawít-thayaalay　kɔ̂ɔ khoŋ càʔ rian dâay ʔìik
もし大学に入れば、きっともっと勉強できます。

❷

1 พรุ่งนี้ ลูก สาว จะ ขึ้น รถเมล์ ไป ไปรษณีย์
明日娘はバスに乗って郵便局に行くつもりです。

2 มานี เรียน ประวัติ ที่ จุฬาลงกรณ์ มหาวิทยาลัย
マーニーはチュラーロンコーン大学で歴史を学びます。

3 เป็ด ย่าง กับ ปลา เผา อะไร อร่อย กว่า กัน
焼アヒルと焼魚のどちらがよりおいしいですか？

4 กฎหมาย นี้ ออก เมื่อ ปี พ.ศ. สอง พัน สี่ ร้อย ยี่ สิบ เอ็ด
この法律は仏暦2421年に出されました。

5 ช่วย พา ไป พิพิธภัณฑ์ ที่ อยุธยา หน่อย
アユッタヤーの博物館に連れていってください。

6 วัด มหาธาตุ ที่ นครศรีธรรมราช สวย ที่สุด
ナコーンシータムマラートのマハータート寺院が一番美しいです。

7 ไปรษณีย์ อยู่ หน้า สถานี รถไฟ ใช่ ไหม
郵便局は駅の前にありますね？。

8 เมื่อ คืน นี้ พ่อ ไป กิน เบียร์ กับ ใคร
昨夜お父さんは誰とビールを飲みに行ったのですか？。

9 ชาติ ไทย ได้ พัฒนา ประเทศ มา นาน
タイ民族は長い間国を開発してきました。

10 วัน จันทร์ นี้ จะ มี งาน ฌาปนกิจ ของ อา
今度の月曜日にはおじさんの葬儀があります

❸

1 ชูใจ รอ พ่อ นาน หน้า ไปรษณีย์
2 มานี (จะ) กิน / ทาน ข้าว อีก ไหม / หรือ เปล่า
3 เมื่อวานนี้ อา มา บริษัท สาย เพราะ (ได้) กิน / ดื่ม เบียร์
4 ปิติ อยาก เรียน ประวัติ ชาติ ไทย ที่ พิพิธภัณฑ์
5 พี่ สาว บอก ว่า เสื้อ ตัว นี้ สวย ที่สุด
6 (จะ) เข้า จุฬาลงกรณ์ มหาวิทยาลัย ยาก ไหม / หรือ เปล่า
7 หมา ตัว นี้ ดุ กว่า เสือ
8 มานี เคย ไป วัด มหาธาตุ ที่ นครศรีธรรมราช
9 อีก สาม วัน พี่ ชาย จะ กลับ มา
10 พรุ่งนี้ พ่อ จะ ไป งาน ฌาปนกิจ ที่ กรุงเทพฯ / กทม.

8 เขา เคย มา ทาน ก๋วยเตี๋ยว ที่ ร้าน นี้
9 เมื่อ ทาน แล้ว มานี พา น้อง สาว ไป โรงเรียน
10 มานี รีบ เดิน ไป โรงเรียน แต่ มา สาย

❷ 次の発音記号をタイ文字に直しましょう。

1 phɔ̂ɔ mây khəəy pay dɯ̀ɯm sǎathɔɔ thîi ráan pâa
2 phîi chaay ɔ̀ɔk càak bâan pay duu naa
3 maanii khuan chûay mɛ̂ɛ tham kǔaytǐaw
4 mɯ̂a cháaw níi nɔ́ɔŋ sǎaw chuucay tɯ̀ɯn sǎay
5 deechaa khɯɯn sɯ̂a tua níi hây maanii mɯ̂aray
6 phɯ̂an phîi chaay tɔ̀ɔp wâa khəəy cəə chuucay
7 ʔaa mây dây pay sɯ́ɯ sǎakee dûay
8 mɯ̂a khɯɯn níi chuucay mây dây pə̀ət fay
9 lûuk sǎaw chɔ̂ɔp dəən pay rooŋrian
10 chuucay mây khuan pay ʔàap náam thîi ráan

❸ 次の文章をタイ語に直しましょう。

1 デーチャーのお姉さんはおじさんを訪ねていったことがあります。
2 チューチャイは寝坊すべきではありません。
3 兄は弟を連れておじさんの家に行きます。
4 学校を出てから、マーニーはクイティオを食べに行きます。
5 昨夜お父さんはどぶろくを買いに行きませんでした。
6 おばさんはマーニーがご飯を作るのを手伝いませんでした。

7 チューチャイのおじいさんは歩いて美しい山を見に行きます。

8 息子はいつ家の中の明かりをつけたのですか？

9 デーチャー、助けてください。

10 チューチャイは弟に、洞窟の中に入っていくべきではない、と言います。

コラム⑦ タイ人のニックネーム

タイにはニックネーム（**ชื่อ เล่น** chûw lên）を付ける伝統があります。これは、昔子供が生まれた時に動物の名前を付けることで、悪霊に動物だと勘違いさせて子供が悪霊に連れ去られる、すなわち死に至るのを避けるためでした。現在は**มานี**や**ชูใจ**のような簡単な名前は少なくなり、サンスクリット語起源の難しい単語を組み合わせた長音節の名前が多いことから、ニックネームには呼びやすさという別の存在意義が高まりました。生後、本名を付けるのと同時に両親が短音節のニックネームを付け、家庭内や友人同士ではニックネームで呼び合うことが普通です。このため、タイではニックネーム、本名、姓の順に3つの「名前」を覚えることになります。なお、上下関係がある場合でも、親しい間柄の場合はニックネームの前に**พี่**や**น้อง**を付けて呼びます。

現在のニックネームは、昔ながらの動物名の他、果物、状態を表す形容詞、あるいは本名の一音節など、様々な種類があります。日本人の感覚だとニックネームにはふさわしくなさそうな**หมู**（豚）、**อ้วน**（太っている）や、英単語由来の**นิว**（new）、**ไอซ์**（ice）などもあります。新聞の見出しなどでも、有名人のニックネームのみが書かれている場合も多く、例えば下の新聞の見出しにある**แม้ว**は、タックシン元首相のニックネームです。

ภารกิจ...‘แม้ว’
10วันสุดท้าย...ก่อน4เหล่าทัพ‘ปฏิวัติ’

ก่อนเกิดเหตุการณ์ปฏิวัติ พ.ต.ท.ทักษิณ ชินวัตร นายกรัฐมนตรี กำหนดแผนการเดินทางไป ประเทศของ พ.ต.ท.ทักษิณว่า ภายหลังเสร็จจากภารกิจเข้าร่วมการประชุมผู้นำเอเชีย-

第13課
デーチャーは学校に行きたいです
เดชา อยาก ไป โรงเรียน

文字：中子音化

文法：「いる、ある」「～するな」「～したい」

1. 中子音化

　声調記号による声調の変化は、中子音の場合は4種の声調記号を用いて5つの声調を作ることができましたが、高子音と低子音については2種の声調記号しか使わないことから、それぞれ3つずつしか声調を作ることができませんでした。このため、中子音以外の場合は高子音と低子音を組み合わせることで5つの声調を作ることになります。

　低子音の中には、高子音に同じ音がある文字（対応字）と、低子音のみにしか音のない文字（単独字）の2種類があります。単独字の場合は高子音と組み合わせて5つの声調を作ることができないため、中子音化、高子音化という作業を行なって、その音に対応する中子音と高子音を作ることになります。

対応字		単独字	
発音	子音	発音	子音
kh	ค ฆ	ŋ	ง
ch	ช ฌ	n	น ณ
s	ซ	m	ม
th	ท ธ ฒ ฑ	y	ย ญ
ph	พ ภ	r	ร
f	ฟ	l	ล ฬ
h	ฮ	w	ว

　中子音化とは、具体的には**ย**の前に**อ**を付けて中子音のyを作ることです。該当する単語は以下の4種類しかありません。

อย่า　yàa　**อย่าง**　yàaŋ　　**อยู่**　yùu　　**อยาก**　yàak

　いずれも中子音と見なすので、最初の3つは第1記号が付いていることから声調は低声となり、最後のものも促音節の末子音が付いていることで低声となります。**อ**はあくまで**ย**を中子音にするために付いているので、発音には一切関係しません。

2. 単語

อยู่	yùu	いる、ある	อย่าง	yàaŋ	〜のように
อย่า	yàa	〜するな	อยาก	yàak	〜したい
นาน	naan	長い（時間）	เรียก	rîak	呼ぶ
ขาย	khǎay	売る	ก่อน	kɔ̀ɔn	先に
แดง	dɛɛŋ	赤い	ขาว	khǎaw	白い
เขียว	khǐaw	緑の	จาน	caan	皿
ช้อน	chɔ́ɔn	スプーン	ถ้วย	thûay	カップ、碗
แก้ว	kɛ̂ɛw	コップ	ชาม	chaam	茶碗

3. 用例

❶ อยู่ の使い方

อยู่ には様々な意味があります。基本の意味は「いる、ある」で、その時点で存在していることを示します。とくに主語が人の場合は、現在その場所にいることを示します。

มานี อยู่ บ้าน	マーニーは家にいます。
ปลา อยู่ ใน น้ำ	魚は水の中にいます。

後者の場合は มี ปลา ใน น้ำ と同じ意味となり、มี と อยู่ の両方を使って言うこともできます。

มี ปลา อยู่ ใน น้ำ	魚は水の中にいます。

　また、文末に付けると「〜している」と言う進行形にもなります。「〜してみる (**ลอง**〜**ดู**)」と同じように、正確には「主語＋**กำลัง**＋動詞＋目的語＋**อยู่**」となりますが、最初の**กำลัง** (kamlaŋ) は省略可能です。

ชูใจ　ทาน　ข้าว　อยู่　　チューチャイはご飯を食べています。

❷ 〜するな
อย่าは文頭に付けて禁止の意味になります。

อย่า　เข้า　ไป　　　　　入っていくな。

❸ 〜したい
　อยากは「〜したい」と言う意味の助動詞です。主語と動詞の間に入ります。否定する場合は**ไม่**を直前に置きます。

เดชา　อยาก　ไป　โรงเรียน
　デーチャーは学校に行きたいです。
ชูใจ　ไม่　อยาก　ทาน　ยา
　チューチャイは薬を飲みたくないです。

　また、既に出てきた**ได้**を動詞に用いると、「ほしい」という意味になります。

ปู่　อยาก　ได้　ยา　　おじいさんは薬がほしいです。

4. 例文

มานี อยู่ ใน ร้าน ก๋วยเตี๋ยว　maanii yùu nay ráan kǔaytǐaw

マーニーはクイティオ屋の中にいます。

น้อง ชาย อยาก ได้ ไก่ ย่าง　nɔ́ɔŋ chaay yàak dây kày yâaŋ

弟は焼鳥がほしいです。

ชูใจ ชอบ ใส่ เสื้อ อย่าง นี้

chuucay chɔ̂ɔp sày sɯ̂a yàaŋ níi

チューチャイはこのような服を着るのが好きです。

พี่ สาว เรียก เดชา ที่ นา อา

phîi sǎaw rîak deechaa thîi naa ʔaa

お姉さんはおじさんの田んぼでデーチャーを呼びます。

แม่ คืน ช้อน สี เขียว ให้ ตา

mɛ̂ɛ khɯɯn chɔ́ɔn sǐi khǐaw hây taa

お母さんはおじいさんに緑色のスプーンを返します。

ชูใจ รอ นาน แล้ว　เดชา รีบ มา หา

chuucay rɔɔ naan lɛ́ɛw　deechaa rîip maa hǎa

チューチャイが長い間待つと、デーチャーは急いでやってきました。

พ่อ ใส่ น้ำ ใน แก้ว สี แดง phɔ̂ɔ sày náam nay kɛ̂ɛw sǐi dɛɛŋ

お父さんは赤いコップの中に水を入れます。

ป้า ไม่ อยาก ไป ขาย ถ้วย　pâa mây yàak pay khǎay thûay

おばさんはカップを売りに行きたくないです。

ก่อน ไป โรงเรียน　ควร อาบ น้ำ

kɔ̀ɔn pay rooŋrian　khuan ʔàap náam

学校に行く前に、水を浴びるべきです。

อย่า ไป หา เพื่อน ที่ บ้าน yàa pay hǎa phɯ̂an thîi bâan
家に友達を訪ねていくな。

5. 練習

❶ 次のタイ語を読んでみましょう。

1 บ้าน ชูใจ อยู่ ใน ป่า
2 ใน บ้าน มี ถ้วย สี เขียว
3 แต่ ชูใจ อยาก ได้ ถ้วย สี แดง
4 ชูใจ เอา ถ้วย สี เขียว ไป หา พ่อ
5 เขา บอก พ่อ ว่า อยาก ได้ ถ้วย สี แดง อย่าง นี้
6 พ่อ ตอบ ว่า อย่า ไป ซื้อ พ่อ ซื้อ มา ให้
7 พ่อ ออก จาก บ้าน ไป ขาย ไข่ ไก่
8 ชูใจ ถู จาน สี ขาว อยู่ ใน บ้าน
9 เมื่อ พ่อ เข้า มา ใน บ้าน เขา ก็ เรียก ชูใจ
10 พ่อ ซื้อ ถ้วย สี แดง มา ให้ ชูใจ

❷ 次の発音記号をタイ文字に直しましょう。

1 yàa pay duu sɯ̌a nay khǎw
2 nɔ́ɔŋ chaay yàak tham kày yâaŋ
3 maanii rɔɔ deechaa naan thîi ráan kǔaytǐaw
4 mɛ̂ɛ chuucay ʔɔ̀ɔk càak bâan kɔ̀ɔn phɔ̂ɔ
5 phǔa rîak mia lɛ́ɛw tɛ̀ɛ mia mây dây maa
6 phɯ̂an phîi sǎaw yàak dây phâa sǐi khǐaw yàaŋ níi
7 ʔaa khǎay thûay sǐi dɛɛŋ yùu

8　maanii cháy chɔ́ɔn thaan khâaw nay bâan

9　phîi sǎaw thɯ̌ɯ chaam sǐi khǎaw pay dûay

10　taa hây deechaa thee sǎakee sày nay kɛ̂ɛw

❸ 次の文章をタイ語に直しましょう。

1　マーニーの妹は赤色の服を着たいです。

2　デーチャーは家の中にいません。

3　お父さんはチューチャイを呼びましたが、チューチャイは来ませんでした。

4　兄は長い間学校に行っていません。

5　お母さんはこのような焼魚を作ることができません。

6　マーニーの弟はコップの中に水を注ぎ入れます。

7　デーチャーは緑色のカップをほしくありません。

8　チューチャイ、スプーンを使ってクイティオを食べるな。

9　マーニーの友達の家は森の中にあります。

10　デーチャーも一緒にタイ舞踊を見に行きたいです。

第14課
チューチャイはどこから来ましたか?
ชูใจ มา จาก ไหน

文字：高子音化
文法：「どこ」「〜ですか」「たくさんの」

1. 高子音化

中子音化は**ย**のみしか行なわれず、しかも単語も4つしかありませんでしたが、高子音化される単独字は数多くあり、単語も多数あります。高子音化をすることで、以下のように5つの声調を作ることが可能になります。

	平声	低声	下声	高声	上声
高子音化		หม่า	หม้า		หมา
低子音	มา		ม่า	ม้า	

中子音化の時と同様に、**ห**は発音には一切関係しません。また、真性二重子音と同じく、母音記号を付ける際にはペアを割かないようにします。

หมี mǐi　**ไหม** mǎy　**เหมา** mǎw　**เหมือน** mǔan

2. 単語

หมา	mǎa	犬	หน้า	nâa	顔、前に
หลาย	lǎay	たくさんの	ไหน	nǎy	どこ
ไหม	mǎy	〜ですか	ใหม่	mày	新しい
หมู	mǔu	豚	หมอ	mɔ̌ɔ	医者
หรือ	rɯ̌ɯ	〜ですか	หวาน	wǎan	甘い
แกง	kɛɛŋ	カレー、スープ	เหลือง	lɯ̌aŋ	黄
เมือง	mɯaŋ	町、国	อาหาร	ʔaahǎn	料理
เปล่า	plàw	いいえ、空の	หนาว	nǎaw	寒い

3. 用例

❶ ไหนの使い方

ไหนは「どこ」という意味の疑問詞です。通常はที่ ไหนの形で文末に付けますが、動詞がไปの場合はไป ไหน、มาの場合はมา จาก ไหนとなります。

ทาน ข้าว ที่ ไหน	どこで食べますか？
มานี ไป ไหน	マーニーはどこに行きますか？
ชูใจ มา จาก ไหน	チューチャイはどこから来ましたか？

ไหนの後にดีを付けると、「どこで〜すればいいか」という意味になります。

ไป ไหน ดี　　　　　　どこに行けばいいですか？

ทำ ข้าว ที่ ไหน ดี　　どこでご飯を作ればいいですか？

また、**ไหน**の後に**ก็ ได้**を付けると、「どこでもいい」という意味になります。

ไป ไหน ก็ ได้　　　　どこに行ってもいいです。

ที่ ไหน ก็ ได้　　　　どこでもいいです。

❷ 〜ですか

疑問詞の**ไหม**、**หรือ เปล่า**、**หรือ**はいずれも「〜ですか」という意味になりますが、以下のように使い分けます。

ไหมは単独では動詞や形容詞に付いて、その動詞や形容詞が事実かどうかを尋ねます。答える時は「動詞（形容詞）」か「**ไม่**＋動詞（形容詞）」で答えます。

มานี ไป ทาน ข้าว ไหม

マーニーはご飯を食べに行きますか？

ไป　　行きます。　／　ไม่ ไป　　行きません。

ただし、否定文や完了形（**แล้ว**）の後には用いないなど、制限があります。また、実際の発音はmáyと高声になります。

หรือ เปล่าも**ไหม**とほぼ同じように使いますが、否定する際には「いいえ」（**เปล่า**）と答えます。

มานี ไป ทาน ข้าว หรือ เปล่า
マーニーはご飯を食べに行きますか？
ไป　行きます。／　**เปล่า**　いいえ。

หรือは否定文、完了形の後でも用いることができますが、単独で用いると意外な印象を示します。

มานี ไม่ ไป ทาน ข้าว หรือ
マーニーはご飯を食べに行かないのですか？
มานี ไป ทาน ข้าว แล้ว หรือ
マーニーはご飯を食べに行ったのですか？
มานี ไป ทาน ข้าว หรือ
マーニーもご飯を食べに行くのですか？

หรือ เปล่า、**หรือ**とも、実際の発音ではrúと高声、短母音化して軽くなったり、rəと母音が変わったりすることが多いです。

❸ หลายの使い方

หลายは「たくさんの」と言う意味ですが、本来数字が入る位置（類別詞の直前）に置きます。

มี วัว หลาย ตัว　牛がたくさんいます。

❹ เมืองの使い方

เมืองは「町、国」という意味の単語ですが、タイという国の名前を表す時に**เมือง ไทย**という他は、町という意味で使うことが多いです。元々はタイ族の「くに」を表す言葉です。後で国のみの意味を持つ**ประเทศ**が出てきます（第22課参照）。

มานี อยู่ ใน เมือง　マーニーは町の中に住んでいます。
พี่ ชาย ไม่ เคย ไป เมือง ไทย
兄はタイに行ったことがありません。

4. 例文

บ้าน ชูใจ อยู่ ที่ ไหน　bâan chuucay yùu thîi nǎy
チューチャイの家はどこにありますか？
บ้าน เขา อยู่ หน้า โรงเรียน　bâan khǎw yùu nâa rooŋrian
彼女の家は学校の前にあります。
มานี ทำ แกง เขียว หวาน ไหม
maanii tham kɛɛŋ khǐaw wǎan mǎy
マーニーはグリーンカレーを作りますか？
เขา ทาน อาหาร ไทย ได้ หรือ เปล่า
khǎw thaan ʔaahǎn thay dâay rʉ̌ʉ plàw
彼はタイ料理を食べることができますか？
ชูใจ ไม่ ได้ ไป หา หมอ หรือ
chuucay mây dây pay hǎa mɔ̌ɔ rʉ̌ʉ
チューチャイは医者を訪ねていかなかったのですか？

พ่อ ชูใจ ซื้อ เสื้อ เหลือง ตัว ใหม่ ให้ เดชา

phɔ̂ɔ súɯɯ sɯ̂a lɯ̌aŋ tua mày hây deechaa

お父さんはチューチャイに新しい黄色い服を買ってくれました。

แม่ ไม่ อยาก ไป เมือง หนาว

mɛ̂ɛ mây yàak pay mɯaŋ nǎaw

お母さんは寒い国に行きたくありません。

มานี ไป ทาน อาหาร หลาย อย่าง ที่ ร้าน

maanii pay thaan ʔaahǎan lǎay yàaŋ thîi ráan

マーニーは店でたくさんの種類の料理を食べました。

ตา เดชา เอา หมา มา จาก ไหน

taa deechaa ʔaw mǎa maa càak nǎy

デーチャーのおじいさんはどこから犬を連れてきましたか？

เพื่อน พี่ สาว ออก ไป แล้ว หรือ

phɯ̂an phîi sǎaw ʔɔ̀ɔk pay lɛ́ɛw rɯ̌ɯ

お姉さんの友達はもう出ていったのですか？

5. 練習

❶ 次のタイ語を読んでみましょう。

1 เมื่อ คืน นี้ พ่อ แม่ พา มานี ไป ร้าน อาหาร ใหม่

2 มานี ถาม พ่อ ว่า ร้าน ใหม่ อยู่ ที่ ไหน

3 พ่อ ตอบ ว่า อยู่ หน้า บ้าน เดชา

4 มี หมา สอง สาม ตัว เดิน อยู่ หน้า ร้าน

5 เมื่อ เข้า ไป ใน ร้าน　มานี เจอ หมอ
6 หมอ ทาน ก๋วยเตี๋ยว หมู อยู่ ใน ร้าน
7 มานี ถาม ว่า มี แกง เขียว หวาน หรือ เปล่า
8 แม่ ตอบ ว่า ร้าน นี้ มี อาหาร หลาย อย่าง
9 พ่อ บอก ว่า เอา ข้าว แกง เขียว หวาน สาม จาน
10 เมื่อ ทาน แกง เขียว หวาน แล้ว　มานี ก็ พอใจ

❷ 次の発音記号をタイ文字に直しましょう。

1 maanii chɔ̂ɔp pay hǎa mɔ̌ɔ rɯ̌ɯ plàw
2 ráan ʔaahǎan mày yùu thîi nǎy
3 chuucay tham kɛɛŋ khǐaw wǎan dây mǎy
4 khǎw mây khəəy pay mɯaŋ nǎaw rɯ̌ɯ
5 mii mǎa lǎay tua lia khǎa yùu nâa bâan
6 pâa deechaa pay nǎy maa
7 maanii mây khuan thaan kǔaytǐaw mǔu
8 phîi sǎaw khâw pay nay mɯaŋ phɯ̂a sɯ́ɯ kɛ̂ɛw
9 deechaa sày sɯ̂a sǐi lɯ̌aŋ pay rooŋrian
10 pay thaan khâaw thîi nǎy dii

❸ 次の文章をタイ語に直しましょう。

1 チューチャイの弟はどこから来ましたか？
2 マーニーの家は町の中にあります
3 お父さんはグリーンカレーを食べたくないのですか？

4　おばさんの店には黄色い服が何着もあります

5　デーチャーの姉はチューチャイに会ったことはありますか？

6　どの食堂に行ったらいいですか？

7　彼はタイに行ったことがありません。

8　マーニーの家の前には犬がたくさんいます。

9　おじいさんは医者を訪ねていきますか？

10　デーチャーのおじさんは新しい緑色のカップを買いました。

コラム⑧　辞書の引き方

　タイ語の辞書も、基本は英語のようにアルファベット順に並んでいますが、タイ語の場合はアルファベットは子音のみであるという点に注意する必要があります。最初に見た子音文字一覧表の順に単語が並ぶことになるので、กから始まる単語から始まり、最後はฮから始まる単語で終わります。並び方の原則は子音を優先するというもので、最初はกกのように子音が2つ並ぶ単語から始まります。それが終わるとกะのように2番目に母音記号が入る単語が出てくることになり、アイウエオ順にกะ、กั□、กา、กิ、กี、กึ、กุ、กู、เก、แก、โก、ใกの順となります。音ではなくパーツの形を優先しているので、例えばกัวはกั□の途中に出てきますし、เกา、เกีย、เกือはเกから始まる単語群の後のほうにこの順番で出てきます。この場合、子音が2つ並ぶเกลาのほうがเกาよりも前に出てきます。また、母音記号のอも見かけ上は子音なので、先ほどのように最初のほうの子音が2つ並ぶ単語群の中に入っています。

　このように音ではなくパーツの形を優先しているので、中子音化、高子音化された単語はそれぞれอ、หのところに並んでいます。とくに、高子音化された単語は多数存在しますが、実際の発音にかかわらずすべてหのところに並べられています。このため、หを頭子音として用いる単語よりも高子音化された単語のほうがはるかに数は多く、結果としてหから始まる単語の数を増やしています。なお、この本の巻末の単語一覧【タイ語—日本語】はこの辞書と同じ順番で並んでいます。

第15課
彼の名前は何ですか?
เขา ชื่อ อะไร

文字：短母音記号①
文法：未来形、「何ですか」「名前」「年齢」

1. 新出文字・記号

高子音　ศ　sɔ̌ɔ sǎalaa

母音記号　□ะ　a　　□ิ　i　　□ุ　u　　□ึ　ɯ

この課から短母音が出てきます。短母音と長母音の大きな違いは、短母音では見かけ上、何の末子音もついていない状態（頭子音＋短母音）に限って、声門閉鎖音（ʔ）の末子音が付く点です。この声門閉鎖音は日本語の「っ」の音ですが、促音節の末子音なので声調が自動的に変化します。声調の変化は以下の通りです。

	中子音	高子音	低子音
短母音	低声	低声	高声
	＼	＼	／

中子音と高子音の変化は長母音の時と同じですが、低子音の場合は高声となります。具体的な声調の例は以下の通りです。

กะ kàʔ　ขะ khàʔ　คะ kháʔ

実際には、後ろに音節が続く単語の場合には、前の音節の声門閉鎖音の末子音が取れて声調も平声になることが多いです。

กะทิ kathíʔ　กะปิ kapìʔ　มะลิ malíʔ

ただし、声門閉鎖音が取れても声調はそのままの場合もあります。

วิชา wíchaa　พิมาย phímaay

2. 単語

ชื่อ	chɯ̂ɯ	名前	อะไร	ʔaray	何
ทุเรียน	thúrian	ドリアン	สุดา	sùdaa	スダー
ศาลา	sǎalaa	あずまや	จะ	càʔ	～するつもり
ดุ	dùʔ	獰猛な	มะระ	maráʔ	苦瓜（ゴーヤ）
มะม่วง	mamûaŋ	マンゴー	จุ	cùʔ	詰める
มะเขือ	makhɯ̌a	なす	ปิติ	pitìʔ	ピティ（男性名）
อายุ	ʔaayúʔ	年齢	ขวบ	khùap	歳
กะทิ	kathíʔ	ココナツミルク			
สวน	sǔan	庭、果樹園			
มะละกอ	malakɔɔ	パパイヤ			

3. 用例

❶ จะ の使い方

จะは「〜するつもり」と言う意味を表す未来形の副詞です。主
語と動詞の間に置きます。これから行なう動作を表す際によく使い
ます。น่า、ควรなどの助動詞や副詞ともよく一緒に使います。否
定する際にはจะ ไม่の語順になるので注意してください。

> มานี จะ ไป หา ป้า
>
> 　マーニーはおばさんを訪ねていくつもりです。
>
> เขา จะ ไม่ ไป โรงเรียน
>
> 　彼は学校には行かないつもりです。

❷ 何ですか?

อะไรは「何」と言う意味の疑問詞です。目的語の位置に入るこ
とが多いですが、主語が何かを聞く場合は文頭に来ることもありま
す。これは既に出てきたใครと同じです。

> ชูใจ จะ ทำ อะไร　　　チューチャイは何をしますか?
>
> อะไร อยู่ ใน นา　　　何が田んぼの中にいますか?

また、อะไร ดีで「何をすればいいですか?」という意味にもな
ります。

> จะ ไป ทาน อะไร ดี　　何を食べに行けばいいですか?

　他の疑問詞と一緒に用いたり、否定文の目的語に**อะไร**が入ったり、**ก็**が後に続いたりすると、疑問の意味ではなく「何か、何も」と言う意味になります。

เดชา ทาน อะไร แล้ว หรือ

デーチャーは何か食べたのですか？

มานี ไม่ อยาก ทาน อะไร

マーニーは何も食べたくありません。

ทำ อะไร ก็ ได้　　何をしてもいいです。

❸ ชื่อ の使い方

　ชื่อは「名前」という意味の名詞ですが、「～と言う名前である」という動詞の役割も果たします。

เขา ชื่อ อะไร　　　彼の名前は何ですか？

เขา ชื่อ ปิติ　　　彼の名前はピティです。

❹ อายุ の使い方

　อายุも「年齢」という意味の名詞ですが、「～歳である」という動詞の役割も果たします。年齢を聞くときには**เท่าไร**を使う言い方と、**กี่**を使う言い方があります。なお、通常は**ปี**が「歳」という意味になりますが、子供の場合は**ขวบ**を使うのが一般的です。

เขา อายุ เท่าไร　　　　彼は何歳ですか？

มานี อายุ แปด ขวบ　　　マーニーは8歳です。

4. 例文

ชูใจ จะ ไป ซื้อ มะม่วง chuucay càʔ pay sɯ́ɯ mamûaŋ

チューチャイはマンゴーを買いに行くつもりです。

ตา มานี จะ ทาน อะไร taa maanii càʔ thaan ʔaray

マーニーのおじいさんは何を食べるつもりですか？

มี หมา ดุ ใน สวน อา mii mǎa dùʔ nay sǔan ʔaa

おじさんの庭の中には獰猛な犬がいます。

เพื่อน เดชา ชื่อ อะไร phɯ̂an deechaa chɯ̂ɯ ʔaray

デーチャーの友達の名前は何ですか？

เขา ชื่อ ชูใจ khǎw chɯ̂ɯ chuucay

彼女の名前はチューチャイです。

แม่ สุดา ไป ขาย มะละกอ แล้ว หรือ

mɛ̂ɛ sùdaa pay khǎay malakɔɔ lɛ́ɛw rɯ̌ɯ

スダーのお母さんはパパイヤを売りに行きましたか？

พ่อ เดชา ไม่ ได้ ซื้อ อะไร มา

phɔ̂ɔ deechaa mây dây sɯ́ɯ ʔaray maa

デーチャーのお父さんは何も買ってきませんでした。

มานี ไม่ ชอบ ทาน มะระ

maanii mây chɔ̂ɔp thaan maráʔ

マーニーは苦瓜を食べるのが好きではありません。

ปู่ ชูใจ อายุ กี่ ปี pùu chuucay ʔaayúʔ kìi pii

チューチャイのおじいさんは何歳ですか？

น้อง สาว เดชา อายุ ห้า ขวบ

nɔ́ɔŋ sǎaw deechaa ʔaayúʔ hâa khùap

デーチャーの妹は5歳です。

5. 練習

❶ 次のタイ語を読んでみましょう。

1 มานี มี เพื่อน ชื่อ สุดา
2 บ้าน สุดา อยู่ หน้า โรงเรียน
3 สุดา พา มานี เข้า ไป ใน สวน
4 มี หมา ดุ หลาย ตัว ที่ ศาลา
5 มานี รีบ ออก จาก สวน เข้า บ้าน สุดา
6 แม่ สุดา เอา มะละกอ มา ให้
7 มานี ถาม สุดา ว่า แม่ ชื่อ อะไร
8 สุดา ตอบ ว่า เขา ชื่อ มาลี
9 พ่อ มา ถาม มานี ว่า จะ ทาน อะไร ดี
10 มานี ตอบ ว่า อยาก ทาน มะม่วง

❷ 次の発音記号をタイ文字に直しましょう。

1 phɔ̂ɔ chuucay chʉ̂ʉ ʔaray
2 deechaa càʔ pay hǎa sùdaa mʉ̂aray
3 pâa sày makhʉ̌a tham kɛɛŋ khǐaw wǎan
4 mɛ̂ɛ pay sʉ́ʉ thúrian thîi ráan ʔaa
5 maanii cəə sʉ̌a dùʔ lǎay tua nay pàa
6 pâa deechaa thʉ̌ʉ maráʔ pay hǎa mɔ̌ɔ
7 mii ʔaray yùu nâa sǎalaa nay sǔan
8 maanii tɔ̀ɔp wâa khǎw ʔaayúʔ sìi khùap
9 hǎy nâa bâan sùdaa cùʔ náam dâay mǎy
10 taa deechaa mây yàak tham ʔaray

❸ 次の文章をタイ語に直しましょう。

1　スダーのお母さんの名前は何ですか?

2　マーニーの家の中には獰猛な犬が5匹います。

3　おばさんはカレーを作るためにココナツミルクを買いに行きます。

4　デーチャーはおじさんの果樹園にドリアンを食べに行くつもりです。

5　チューチャイのお父さんは何歳ですか?

6　マーニーの友達はパパイヤが好きではないのですか?

7　おじいさんの甕には日本酒を詰めることができます。

8　誰があずまやの前でスダーを待っているのですか?

9　ピティのおばあさんは医者を訪ねていかないつもりです。

10　マーニーはおじさんの店で何を食べたいですか?

コラム⑨　果物や野菜の มะ

　既に果物や野菜の名前がいくつか出てきましたが、มะ から始まるものがたくさんあることに気が付いたでしょうか。例えば มะม่วง、มะละกอ、มะเขือ、มะระ など、これまで出てきた果物や野菜の大半は มะ から始まるものでした。この มะ という語は、実は หมาก (màak) という語に由来しています。現在 หมาก というとビンロウジのことを意味しますが、元はこの語が果物の総称でした。このため、例えばラーオ語では มะละกอ のことを หมาก หุ่ง (màak hùŋ) と呼ぶように、現在でも หมาก を果物の意味で用いているところもあります。

　ちなみに、หมาก の実はキンマ (พลู phluu) の葉に赤く染めた石灰とともに巻いて噛む嗜好品で、主に農村部のおばあさんが愛用しています。これを噛むと清涼感が得られますが、口の中は真っ赤になり、最後は吐き出します。日本語でこれを「キンマ」と呼ぶのはタイ語の กิน หมาก (ビンロウジを食べる) に由来しています。そして、同じく噛むものであることから、ガムのことをタイでは หมาก ฝรั่ง (西洋キンマ) と呼んでいます。

第16課
ご飯を食べましょう
ทาน ข้าว เถอะ

文字：短母音記号②
文法：「～と」「なぜ」「～しましょう」

1. 新出文字・記号

低子音	**ภ**	pɔɔ sǎmphaw
高子音	**ษ**	sɔ̌ɔ rɯɯsǐi

母音記号	เ□ะ	e	แ□ะ	ɛ	โ□ะ	o
	เ□าะ	ɔ	เ□อะ	ə		

2. 単語

และ	lɛ́ʔ	～と	แกะ	kɛ̀ʔ	羊
ทำไม	thammay	なぜ	เตะ	tèʔ	蹴る
เพราะ	phrɔ́ʔ	なぜなら	เถอะ	thə̀ʔ	～しましょう
ง่าย	ŋâay	簡単な	ภาษา	phaasǎa	言語
เกาะ	kɔ̀ʔ	島	โต๊ะ	tóʔ	机
พูด	phûut	話す	แพะ	phɛ́ʔ	ヤギ
หัวเราะ	hǔarɔ́ʔ	笑う	เก้าอี้	kâwʔîi	椅子
ทะเลาะ	thalɔ́ʔ	口論する	เยอะแยะ	yə́ʔyɛ́ʔ	たくさん

มาก	mâak	たくさん、とても
เงาะ	ŋɔ́ʔ	ランブータン

3. 用例

❶ และの使い方

และは「～と～」というように並列で使います。英語のandと同じ意味です。

มานี และ ชูใจ　　マーニーとチューチャイ

❷ なぜですか？

ทำไมは「なぜ」という疑問詞です。通常は平叙文の文頭に付きます。答える時は、**เพราะ ว่า**で受けます。

ทำไม มานี ไป หา อา

なぜマーニーはおじさんを訪ねていくのですか？

เพราะ ว่า เอา ปลา ไป ให้

なぜなら、魚を持っていってあげるためです。

なお、**ทำไม**は文末に付けると、非難めいた言い方になります。

มานี ไป หา อา ทำไม

なぜマーニーはおじさんなんか訪ねていくのですか？

❸ ～しましょう

เถอะは勧誘の意味を示します。命令形の文章の文末に付けます。

ทาน ข้าว เถอะ　　　　ご飯を食べましょう。

目的語が分かっている場合は動詞の後に**เถอะ**のみ付けます。

ไป เถอะ　　　　　　行きましょう。

❹ มากとเยอะแยะ

どちらも「たくさん」という意味がありますので、名詞の後に付く場合は言い換えが可能です。**เยอะแยะ**については**เยอะ**のみ使うこともあります。

มี ข้าว มาก　　　　ご飯がたくさんあります。
มี ปลา เยอะแยะ　　　魚がたくさんいます。
ทาน ข้าว เยอะ　　　たくさんご飯を食べなさい。

このような場合、目的語を省略することも可能です。

ทาน เยอะ　　　　　たくさん食べなさい。

มากは形容詞の後について「とても」という意味を示すことができますが、**เยอะแยะ**は名詞の後にしか付くことができません。

เสื้อ ตัว นี้ ดี มาก　　この服はとても良いです。

4. 例文

ใน เกาะ มี แกะ และ แพะ เยอะ แยะ

nay kɔ̀ʔ mii kɛ̀ʔ lɛ́ʔ phɛ́ʔ yə́ʔyɛ́ʔ

島の中には羊とヤギがたくさんいます。

ทำไม ชูใจ มา สาย　　thammay chuucay maa sǎay

なぜチューチャイは遅刻したのですか？

เพราะ ว่า เขา ตื่น สาย　　phrɔ́ʔ wâa khǎw tɯ̀ɯn sǎay

なぜなら彼女は寝坊したからです。

ไป ทาน ก๋วยเตี๋ยว เถอะ　　pay thaan kǔaytǐaw thə̀ʔ

クイティオを食べに行きましょう。

เพื่อน ถาม ว่า ภาษา ไทย ยาก มาก ไหม

phɯ̂an thǎam wâa phaasǎa thay yâak mâak mǎy

友達は、タイ語はとても難しいですか、と聞きました。

เขา ตอบ ว่า พูด ภาษา ไทย ง่าย

khǎw tɔ̀ɔp wâa phûut phaasǎa thay ŋâay

彼は、タイ語を話すのは簡単です、と答えました。

แม่ สุดา ไม่ เคย ซื้อ เงาะ

mɛ̂ɛ sùdaa mây khəəy sɯ́ɯ ŋɔ́ʔ

スダーのお母さんはランブータンを買ったことはありません。

เดชา เตะ โต๊ะ และ เก้าอี้ ไป

deechaa tèʔ tóʔ lɛ́ʔ kâwʔîi pay

デーチャーは机と椅子を蹴っていきます。

ชูใจ อยาก ทาน มะม่วง และ มะละกอ มาก

chuucay yàak thaan mamûaŋ lɛ́ʔ malakɔɔ mâak

チューチャイはマンゴーとパパイヤをたくさん食べたいです。

พ่อ ไม่ ชอบ ทุเรียน เพราะ หวาน

phɔ̂ɔ mây chɔ̂ɔp thúrian phrɔ́ʔ wǎan

お父さんは甘いのでドリアンが好きではありません。

ร้าน ป้า มี โบ ขาย เยอะแยะ

ráan pâa mii boo khǎay yə́ʔyɛ́ʔ

おばさんの店ではリボンをたくさん売っています。

5. 練習

❶ 次のタイ語を読んでみましょう。

1 สุดา ไป หา เพื่อน ที่ เกาะ

2 เพื่อน สุดา ชื่อ ปิติ

3 บ้าน ปิติ มี แกะ และ แพะ เยอะแยะ

4 สุดา ถาม ปิติ ว่า ทำไม มี แกะ และ แพะ เยอะแยะ

5 ปิติ ตอบ ว่า เพราะ เอา ไป ขาย ใน เมือง

6 พ่อ ปิติ บอก ว่า เข้า มา ใน บ้าน เถอะ

7 เมื่อ สุดา และ ปิติ เข้า ไป ใน บ้าน　พ่อ เอา เงาะ มา ให้ ทาน

8 แม่ ปิติ ถาม สุดา ว่า ทาน เงาะ ยาก ไหม

9 เขา ตอบ ว่า ทาน ง่าย　เพราะ เคย ทาน　เยอะ

10 สุดา ดีใจ ที่ ได้ ทาน เงาะ ที่ หวาน มาก

❷ 次の発音記号をタイ文字に直しましょう。

1 bâan maanii mi kὲʔ lέʔ kày yə́ʔyέʔ

2 sùdaa pay hǎa mɔ̌ɔ thə̀ʔ

3 chuucay bɔ̀ɔk wâa phaasaǎ thay mây yâak

4 mɯ̂a cháaw níi thammay mε̂ε hǔarɔ́ʔ maanii

5 phrɔ́ʔ wâa khǎw tɯ̀ɯn sǎay

6 deechaa mây khuan tèʔ tóʔ khray

7 phɔ̂ɔ pay sɯ́ɯ ŋɔ́ʔ lέʔ makhɯ̌a

8 maanii thǎam phîi sǎaw wâa chɔ̂ɔp phaasǎa ʔaray

9 sùdaa mây dây pay duu ŋuu phrɔ́ʔ klua mâak

10 pùu yàak rian phaasǎa thîi phûut ŋâay

❸ 次の文章をタイ語に直しましょう。

1 なぜおばあさんは魚を買いに行くのですか？

2 なぜなら、彼女は焼魚を作るためです。

3 デーチャーとスダーはマーニーを訪ねていきます。

4 森の中の虎を見に行きましょう。

5 お父さんはタイ語を話すことができません。

6 島の中には羊とヤギが8頭います。

7 おじいさんはチューチャイに、ご飯をたくさん食べましょう、と言いました。

8 お姉さんの店の中には机と椅子があります。

9 スダーは会いたいのでマーニーの家に行きました。

10 デーチャーのお母さんは皿の中にランブータンを入れますか？

第17課
僕は日本人です
ผม เป็น คน ญี่ปุ่น

文字：短母音平音節の末子音
文法：「～である」「～ですか」「ありがとう」「～しましたか」

1. 新出文字・短母音平音節の末子音

低子音　ญ　yɔɔ yǐŋ　ณ　nɔɔ neen

短母音は末子音が付くと形が変化するものが多数あります。

a	□ะ	+	น	→	□ั น
e	เ□ะ	+	น	→	เ□็น
ɛ	แ□ะ	+	น	→	แ□็น
o	โ□ะ	+	น	→	□น
ɔ	เ□าะ	+	น	→	□็อน

この中で、短母音のoの末子音付の形に注意してください。短母音のoは、末子音が付くと母音記号が一切なくなり、頭子音と末子音が並ぶだけとなります。他にこのような例はありませんので、母音記号が何もなければ短母音のoの末子音付であると見なしてください。なお、それ以外の母音記号の末子音付の形で子音の上に置か

れる๘はタイ数字の8となり、ก็の上に付けたものと同一です。

　長母音の時と同様に、平音節の末子音が付く場合は声調の変化は
ありません。なお、短母音の場合は見かけ上、末子音のないものが
促音節となり声調が変化しましたが、平音節の末子音が付いている
場合には声調の変化はありません。頭子音のグループおよび声調記
号によってのみ声調は変化します。

กิน　kin　　　ขน　khǒn　　　คุณ　khun

2. 単語

ผม	phǒm	僕	ดิฉัน	dichǎn	私
คน	khon	人	ญี่ปุ่น	yîipùn	日本
เป็น	pen	～である	ใช่	chây	はい
หนึ่ง	nùŋ	1	ยัง	yaŋ	まだ
กิน	kin	食べる	เห็น	hěn	見える
แข็ง	khěŋ	固い	นั่น	nân	それ
นั้น	nán	その	โน่น	nôon	あれ
คุณ	khun	あなた、～さん			
ขอบคุณ	khɔ̀ɔpkhun	ありがとう			
ไม่เป็นไร	mâypenray	どういたしまして			

3. 用例

❶ 様々な人称代名詞

　タイ語には様々な人称代名詞がありますが、ここで人称代名詞の基本形が出てきます。一人称の基本形は男性が**ผม**、女性が**ดิฉัน**です。ただし、**ดิฉัน**はかなり丁寧な言い方なので、もう少しくだけた**ฉัน**という言い方のほうがいい場合もありますし、女性は一人称の代名詞を使わず自分の名前を用いることも多いです。なお、**ดิฉัน**も**ฉัน**も実際の発音はdichán、chánと高声になります。

ผม ไป โรงเรียน　　　　僕は学校へ行きます。
ดิฉัน ชื่อ สุดา　　　　私はスダーと申します。

　一方、**คุณ**はあなたという意味の基本形です。末子音が定型の**น**ではない点に注意してください。

คุณ ชื่อ อะไร　　　　あなたの名前は何ですか？

❷ 〜さん

　คุณは「〜さん」という意味にもなります。また、これまで出てきた親族を表す名詞の前に付けるとより丁寧な意味になります。

คุณ ยามาดะ　山田さん　　　**คุณ แม่**　お母さん

❸ ～である

　เป็นは英語のbe動詞のような動詞で「～である」という意味になります。使い方はいろいろありますが、通常は人を主語にとって「○○は～です」という形が多いです。

　　ดิฉัน เป็น คน ไทย　　私はタイ人です。
　　เขา เป็น หมอ　　　　彼は医者です。

　なお、否定文にするときは**เป็น**を使わず、代わりに**ไม่ ใช่**を入れます。

　　ผม ไม่ ใช่ หมอ　　　僕は医者ではありません。

❹ ใช่ ไหมの使い方

　上記のような**เป็น**を使った文章を疑問形にする場合は、**ไหม**ではなく**ใช่ ไหม**を用います。この場合、答えは「はい（**ใช่**）」、「いいえ（**ไม่ ใช่**）」となります。他に疑問詞の**หรือ**、**หรือ เปล่า** も使えますが、答え方は同様です。

　　คุณ เป็น คน ญี่ปุ่น ใช่ ไหม
　　　あなたは日本人ですか？
　　ใช่　ผม เป็น คน ญี่ปุ่น
　　　はい、僕は日本人です。
　　ไม่ ใช่　ผม ไม่ ใช่ คน ญี่ปุ่น
　　　いいえ、僕は日本人ではありません。

なお、**ไหม**を付けて疑問文を作る文章にも**ใช่ ไหม**を付けることができます。意味は「〜ですね？」と確認の意味が強くなります。

คุณ ไป แล้ว ใช่ ไหม　　あなたが行きましたね？

❺ 「ありがとう」と「どういたしまして」

ขอบคุณは「ありがとう」という意味です。**มาก**を付けると謝意が強調されます。目下の下に対しては**ขอบใจ**という言い方もあります。「どういたしまして」は**ไม่เป็นไร**ですが、この言葉は「構いません」という意味にもなり、大らかなタイ人気質を代表する言葉です。**ไม่เป็นไร**も他の**ไร**で終わる単語と同じく、実際の発音はmây penràyと最後が低声になるのが普通です。

ขอบคุณ มาก คุณ ตานากะ
田中さん、ありがとうございました。

❻ 〜しましたか？

แล้ว หรือ ยังで「〜しましたか？」という疑問形となります。この**หรือ**も実際の発音ではrɯ́となることが多いです。答える場合は以下の通りです。

กิน ข้าว แล้ว หรือ ยัง　　もうご飯を食べましたか？
กิน แล้ว　　　　　　　　　もう食べました。
ยัง ไม่ ได้ กิน　　　　　　　まだ食べていません。

4. 例文

ผม เป็น คน ญี่ปุ่น phǒm pen khon yîipùn　僕は日本人です。

ดิฉัน ชื่อ มานี

dichǎn chûɯ maanii　私の名前はマーニーです。

เขา เป็น คน ไทย ใช่ ไหม

khǎw pen khon thay chây mǎy　彼はタイ人ですか？

พ่อ เดชา ไม่ ใช่ หมอ

phɔ̂ɔ deechaa mây chây mɔ̌ɔ

デーチャーのお父さんは医者ではありません。

ขอบคุณ มาก คุณ ยามาโมโต

khɔ̀ɔpkhun mâak khun yaamaamootoo

山本さん、ありがとうございました。

เขา ตอบ ว่า ไม่เป็นไร

khǎw tɔ̀ɔp wâa mây pen ray　彼は、どういたしまして、と答えます。

มานี เห็น แกะ หนึ่ง ตัว

maanii hěn kɛ̀ʔ nɯ̀ŋ tua　マーニーは羊を1頭見かけます。

เดชา ไป กิน เงาะ ที่ โน่น แล้ว หรือ ยัง

deechaa pay kin ŋɔ́ʔ thîi nôon lɛ́ɛw rɯ̌ɯ yaŋ

デーチャーはもうあそこにランブータンを食べに行きましたか？

ชูใจ ใส่ น้ำ แข็ง ใน แก้ว chuuchay sày nám khěŋ nay kɛ̂ɛw

チューチャイは固い水（氷）をコップの中に入れます。

หมอ คน นั้น ชื่อ อะไร

mɔ̌ɔ khon nán chûɯ ʔaray　その医者の名前は何ですか？

5. 練習

❶ 次のタイ語を読んでみましょう。

1 คุณ เป็น คน ญี่ปุ่น ใช่ ไหม
2 ใช่ ผม เป็น คน ญี่ปุ่น
3 คุณ เคย ไป เมือง ไทย แล้ว หรือ ยัง
4 ยัง ผม ไม่ เคย ไป เมือง ไทย แต่ อยาก ไป
5 ทำไม คุณ อยาก ไป เมือง ไทย
6 เพราะ ผม ชอบ กิน อาหาร ไทย
7 ที่ ญี่ปุ่น ก็ มี ร้าน อาหาร ไทย เยอะแยะ
8 ดิฉัน จะ ทำ อาหาร ไทย ให้ คุณ
9 ขอบคุณ มาก คุณ สุดา
10 ไม่เป็นไร คุณ ตาโร

❷ 次の発音記号をタイ文字に直しましょう。

1 mɛ̂ɛ maanii mây chây khon yîipùn
2 khun taanaakàʔ càʔ tham ʔaray
3 deechaa hěn phɛ́ʔ nùŋ tua
4 phǒm chɔ̂ɔp sày nám khɛ̌ŋ nay náam
5 pùu deechaa pen mɔ̌ɔ chây mǎy
6 chuucay bɔ̀ɔk phɔ̂ɔ wâa khɔ̀ɔpkhun mâak
7 phɔ̂ɔ tɔ̀ɔp wâa mâypenray
8 maanii thǎam sùdaa wâa càʔ kin ʔaray dii
9 pitìʔ pen khon thîi chɔ̂ɔp rian phaasǎa
10 phɯ̂an deechaa pay rooŋrian lɛ́ɛw rɯ̌ɯ yaŋ

❸ **次の文章をタイ語に直しましょう。**

1　田中さんのおじいさんは日本人ですか？

2　デーチャーは虎を1頭見かけます。

3　私の息子は医者ではありません。

4　スダーはそこで何も食べませんでした。

5　僕は氷を買いに行くつもりです。

6　チューチャイのお母さんは、ありがとうございます、と言いました。

7　ピティはおばさんに、どういたしまして、と答えます。

8　山田さんはいつおじさんを訪ねていくつもりですか？

9　マーニーはきょうだいが何人いますか？

10　チューチャイのおばさんはその店でご飯を売っている人ですか？

コラム⑩　ก๋วยเตี๋ยวの頼み方

　タイの道端には、よく**ก๋วยเตี๋ยว**の屋台があります。店によって若干の違いはありますが、通常は注文するときには麺の種類と汁の種類を指定する必要があります。

　ก๋วยเตี๋ยวは中国語の「粿条」が語源の米麺のことで、太麺（**เส้น ใหญ่ sên yày**）、細麺（**เส้น เล็ก sên lék**）、ビーフン（**เส้น หมี่ sên mìi**）の3種類があり、ほかに小麦と卵で作った中華麺（**บะหมี่ bamìi**）もあることから、まずは麺の種類を指定します。次に汁の種類ですが、一般的には汁あり（**น้ำ**）、汁なし（**แห้ง hêŋ**）、イェンターフォー（**เย็นตาโฟ yentaafoo**、醸豆腐）と呼ばれるやや酸っぱい赤い汁にイカや空芯菜（**ผัก บุ้ง phàk bûŋ**）などが入ったもの、トムヤム汁を入れるものの計4種類あります。このため、頼む際には、**เส้น เล็ก แห้ง**（細麺・汁なし）とか**เส้น ใหญ่ เย็นตาโฟ**（太麺・イェンターフォー）などと注文することになり、短く**เล็ก แห้ง**、**ใหญ่ โฟ**という場合もあります。

　また、他にも**ก๋วยเตี๋ยว เรือ**（船クイティオ）と呼ばれるものもあります。これは豚や牛の血や調味料で色を付けた濃い汁を用いたもので、**ก๋วยเตี๋ยว น้ำตก**（滝〈血落とし〉クイティオ）とも呼ばれます。こちらは、中国起源の**ก๋วยเตี๋ยว**をタイ風にアレンジしたものと言え、最近日本でも有名になった**กะเพรา**（kaphraw）や東北（イサーン）料理に欠かせない**โหระพา**（hǒoraphaa）など生のバジルを入れて一緒に食べます。写真は**เส้น ใหญ่ น้ำตก**の例です。店には必ず砂糖、粉トウガラシ、ナムプラー、トウガラシ入り酢の4種の調味料があり、客は自分の好みで味付けをします。

第18課
何時に家を出ますか?
จะ ออก จาก บ้าน กี่ โมง

文字：短母音促音節の末子音
文法：丁寧形、数字、時間、時間の長さ

1. 新出文字・短母音促音節の末子音

中子音　ฎ　dɔɔ chadaa　ฏ　tɔɔ patàk

短母音に促音節の末子音が付く場合には、見かけ上、末子音のない時と同様に声調が変化します。

	中子音	高子音	低子音
短母音	低声	低声	高声
	＼	＼	／

中子音と高子音の場合は長母音の場合と同じく低声になりますが、低子音の場合は高声になります。促音節の末子音による声調の変化は、低子音の場合のみ長母音と短母音で変化が異なりますので注意が必要です。長母音の場合と同じく、短母音でも促音節の末子音に声調記号が付くことはほとんどありませんので、事実上、低声と高声の単語しかありません。

これまで出てきた平音節と促音節の関係を整理すると以下の表のようになります。長母音記号を用いた末子音なしの音（กาなど）は、実は平音節だったので声調は頭子音の持つ声調に従っていましたが、短母音記号を用いた末子音なしの音（กะなど）は、実際には声門閉鎖音（ʔ）という末子音を持っていたので促音節となり、声調が勝手に変化していたのです。

	末子音なし（見かけ上）	末子音あり
平音節	長母音	n m ŋ y w
促音節	短母音	k t p

2. 単語

หก	hòk	6	เจ็ด	cèt	7
ค่ะ	khâʔ	丁寧形（女）	สิบ	sìp	10
เอ็ด	ʔèt	～1（一の位）	ครับ	khráp	丁寧形（男）
ยี่	yîi	2～（十の位）	คิด	khít	思う
รัก	rák	愛する	โมง	mooŋ	時
เที่ยง	thîaŋ	正午	บ่าย	bàay	午後
ทุ่ม	thûm	夜～時	นาที	naathii	分
วินาที	wínaathii	秒	เวลา	weelaa	時間
ชั่วโมง	chûamooŋ	～時間	เย็น	yen	夕方、冷たい
กลับ	klàp	帰る	ปิด	pìt	閉じる、消す
กฎหมาย	kòtmǎay	法律	ปรากฏ	praakòt	現れる

3. 用例

❶ 丁寧形のครับとค่ะ

　ครับとค่ะは文末に付けて丁寧さを表します。挨拶、御礼などの他、平叙文、疑問文などどのような場合にも用いられます。男性がครับ、女性がค่ะとなります。女性のค่ะは短母音の下声ですが、事実上平声と同じ音になります。なお、女性の場合は疑問文の場合のみคะと高声になります。

　ขอบคุณ มาก ครับ/ค่ะ　　どうもありがとうございました。

　พ่อ ไม่ อยู่ ครับ/ค่ะ　　お父さんは今おりません。

　จะ ไป ทาน อะไร ดี ครับ/คะ

　何を食べに行ったらいいでしょうか?

❷ 数字の表し方

　タイ語の数字は基本的には日本語と同じように組み合わせます。ただし、11以降の「○1」の場合はเอ็ด、20台の2のみยี่と表記します。

　สิบ เอ็ด　　　11　　ยี่ สิบ　　　20　　ยี่ สิบ เอ็ด　　21
　สาม สิบ ห้า　35　　สี่ สิบ แปด　48　　เก้า สิบ เอ็ด　91

❸ 時間の表し方

　タイ語の時間の表し方は以下のように細かく分かれます。

ตี หนึ่ง – ตี ห้า　午前1時〜5時
หก โมง เช้า – สิบ เอ็ด โมง เช้า　午前6時〜11時
เที่ยง　正午
บ่าย โมง – บ่าย สาม โมง　午後1時〜3時
สี่ โมง เย็น – หก โมง เย็น　午後4時〜6時
หนึ่ง ทุ่ม – ห้า ทุ่ม　午後7時〜11時
เที่ยง คืน　午後12時

　タイ語の時間の表し方は、6時間単位で1に戻る点が特徴です。最初の午前1時〜5時は数字が後ろに付きますが、その後は数字の後に時（**โมง**）、午前（**เช้า**）を続ける言い方に変わります。本来は午前7時で数字をリセットし、午前7時から11時までを「午前1時（**หนึ่ง โมง เช้า**）」〜「午前5時（**ห้า โมง เช้า**）」と呼んでいましたが、今では数字をそのまま続けるのが一般的です。午後は再び数字がリセットされ、午後（**บ่าย**）を最初に付けますが、午後4時からは夕方（**เย็น**）を午前と同じように末尾に付けます。そして、午後7時に再び数字がリセットされ、午後7時が「夜1時（**หนึ่ง ทุ่ม**）」になります。現在では午前7時のリセットはあまりしませんが、午後7時のリセットはまだ残っているので、注意が必要です。

　分は**นาที**、秒は**วินาที**をそれぞれ数字の後に付けます。

บ่าย สาม โมง ยี่ สิบ ห้า นาที　午後3時25分
หก นาที สี่ สิบ เจ็ด วินาที　　6分47秒

「何時ですか」と聞く場合には、数を尋ねる疑問詞**กี่**を使います。

โรงเรียน จะ เปิด กี่ โมง 学校は何時に開きますか？
จะ เปิด แปด โมง เช้า 朝8時に開きます。

❹ 時間の長さ

時間の長さは**ชั่วโมง**、**นาที**、**วินาที**を用います。

จะ อยู่ กี่ ชั่วโมง 何時間いるつもりですか？
จะ อยู่ สี่ ชั่วโมง ยี่ สิบ นาที
4時間20分いるつもりです。
จะ ใช้ เวลา นาน เท่าไร 何時間かかりますか？
จะ ใช้ เวลา หก ชั่วโมง สี่ สิบ ห้า นาที
6時間45分かかります。

4. 例文

ผม ชื่อ ตาโร ครับ
phǒm chʉ̂ʉ taaroo khráp 僕の名前は太郎です。
ดิฉัน ดีใจ มาก ค่ะ
dichǎn diicay mâak khâ? 私はとてもうれしいです。
คุณ จะ ไป ไหน คะ
khun càʔ pay nǎy kháʔ あなたはどちらに行かれますか？

เมือง ไทย มี กฎหมาย หลาย อย่าง

mɯaŋ thay mii kòtmǎay lǎay yàaŋ

タイには様々な種類の法律があります。

ปรากฏ ว่า เขา ไม่ ใช่ หมอ

praakòt wâa khǎw mây chây mɔ̌ɔ

彼は医者ではないことが明らかになります。

สุดา จะ ปิด ไฟ ใน บ้าน กี่ โมง

sùdaa càʔ pìt fay nay bâan kìi mooŋ

スダーは何時に家の中の明かりを消しますか？

เมื่อ เช้า นี้ ปิติ ตื่น หก โมง เช้า สี่ สิบ นาที

mɯ̂a cháaw níi pitìʔ tɯ̀ɯn hòk mooŋ cháaw sìi sìp naathii

今朝ピティは朝6時40分に目覚めました。

ชูใจ จะ ไป กิน ก๋วยเตี๋ยว นาน เท่าไร

chuucay càʔ pay kin kǔaytǐaw naan thâwray

チューチャイはどれくらいクイティオを食べに行くつもりですか？

เห็น หมู และ แกะ เจ็ด สิบ เอ็ด ตัว

hěn mǔu lɛ́ʔ kɛ̀ʔ cèt sìp ʔèt tua　　豚と羊が71頭見えます。

เมื่อ คืน นี้ พ่อ เดิน สอง ชั่วโมง สาม สิบ นาที กลับ บ้าน มา

mɯ̂a khɯɯn níi phɔ̂ɔ dəən sɔ̌ɔŋ chûamooŋ sǎam sìp naathii klàp bâan maa

昨夜お父さんは2時間30分歩いて家に帰ってきました。

5. 練習

❶ 次のタイ語を読んでみましょう。

1 เมื่อ เช้า นี้ ทำไม คุณ ตานากะ มา สาย คะ
2 เพราะ ว่า ผม ตื่น สาย ครับ　ได้ ตื่น แปด โมง เช้า ครับ
3 คุณ ไม่ เคย มา สาย ค่ะ　ทำไม ตื่น สาย คะ
4 เพราะ เมื่อ คืน นี้ กลับ บ้าน เที่ยง คืน ครับ
5 เมื่อ คืน นี้ ไป ไหน มา คะ
6 ผม ได้ เจอ เพื่อน คน ญี่ปุ่น และ ไป กิน ข้าว มา ครับ
7 ดิฉัน คิด ว่า คุณ ควร รีบ กลับ บ้าน ค่ะ
8 คืน นี้ ผม จะ รีบ กลับ บ้าน เพื่อ ไม่ ให้ ตื่น สาย ครับ
9 ดี ค่ะ　จะ กลับ มา กี่ โมง คะ
10 ผม จะ กลับ มา ก่อน ห้า ทุ่ม ครับ

❷ 次の発音記号をタイ文字に直しましょう。

1 khɔ̀ɔpkhun mâak khâʔ khun yaamaadàʔ
2 mâypenray khráp khun sùdaa
3 deechaa càʔ ʔɔ̀ɔk càak rooŋrian kìi mooŋ
4 mɯ̂a cháaw níi maanii tɯ̀ɯn tii hâa sìp naathii
5 sùdaa rɔɔ phîi sǎaw hòk chûamooŋ sìi sìp naathii
6 ʔaa klàp bâan thîaŋ khɯɯn phrɔ́ʔ dây pay kin sǎakee
7 kòtmǎay mây hây khon ʔɔ̀ɔk càak bâan kɔ̀ɔn hòk mooŋ cháaw

8　pitìʔ hěn sɯ̂a yîi sìp ʔèt tua nay ráan pâa

9　maanii rák mɯaŋ thay lɛ́ʔ phaasǎa thay

10　mii khon yîipùn cèt sìp khon khâw maa nay ráan ʔaahǎan thay

❸ **次の文章をタイ語に直しましょう。**

1　お父さんは何分間水浴びをしますか？

2　私は山田と申します。

3　デーチャーは、スダーが遅刻してくるだろう、と思いました。

4　マーニーのお母さんは服を11着買ってきました。

5　今朝ピティは朝4時に目覚めました。

6　おばさんの店は夕方6時20分に閉まります。

7　チューチャイはお兄さんとお姉さんをとても愛しています。

8　スダーは学校の中の明かりを50秒消しました。

9　どぶろくを飲ませない法律を作るべきです。

10　昨夜田中さんが家に帰らなかったことが明らかになります。

第19課

デーチャーは学校に行かねばなりません
เดชา ต้อง ไป โรงเรียน

文字：声調記号と短母音記号の変化
文法：「〜しなければならない」「〜したばかり」

1. 声調記号と短母音記号の変化

短母音のe、ɛ、ɔは末子音が付くと形が変化しましたが、末子音が付いた時に上に乗る ็ は、声調記号が付くと消えてしまいます。

เก็ง→ เก่ง　　แก็ง → แก่ง　　ต็อง → ต้อง

この場合、ぞれぞれ長母音に声調記号が付いたものと形が全く同じになってしまいますが、大半の単語は短母音として発音します。ただし、**แล้ว**や**ก่อน**のような例外もあります。

เน้น nén　　**แว่น** wɛ̂n　　**ค่อย** khɔ̂y

əについては末子音の付く形自体が存在しませんが、実際には見かけ上、長母音であっても、同様に声調記号が付いている場合に短母音で発音することがあります。

เพิ่ง　phôŋ

また、声調記号は何もついていないのですが、以下のように長母音として綴るɔɔ、əəを用いた単語の中にも、短母音として発音するものがあります。

ของ　khɔ̌ŋ　　เงิน　ŋən

2. 単語

ต้ม	tôm	煮る	ยำ	yam	ヤム
กุ้ง	kûŋ	エビ	เป็ด	pèt	アヒル
เงิน	ŋən	金（銭）、銀	น้อย	nɔ́ɔy	少ない
เผ็ด	phèt	辛い	แว่น	wɛ̂n	眼鏡
หอย	hɔ̌y	貝	เก่ง	kèŋ	上手な
แจ้ง	cɛ̂ŋ	伝える	เน้น	nén	強調する
ของ	khɔ̌ŋ	～の、もの	หน่อย	nɔ̀y	ちょっと
นิดหน่อย	nítnɔ̀y	少し	เพิ่ง	phôŋ	～したばかり
ต้อง	tɔ̂ŋ	～しなければならない			
ค่อย	khɔ̂y	あまり、少しずつ			

3. 用例

❶ 〜しなければならない

ต้องは「しなければならない」という意味の助動詞で、主語と動詞の間に入ります。否定の場合は、直前にไม่を置きます。

คุณ ต้อง ไป ก่อน　　あなたは先に行かねばなりません。
เขา ไม่ ต้อง มา　　彼は来る必要はありません。

❷ 〜したばかり

เพิ่งは「〜したばかり」という意味の副詞で、主語と動詞の間に入ります。完了の意味を表すので、「〜してきた」という意味の方向副詞のมาとよく一緒に用いられます。

มานี เพิ่ง กลับ มา　　マーニーは帰ってきたばかりです。
เพิ่ง กิน ข้าว มา　　ご飯を食べてきたばかりです。

❸ ค่อยの使い方

ค่อยは動詞の前に付けると「少しずつ」、否定のไม่の直後に置くと「あまり〜ない」という意味になります。

มานี ค่อย เดิน ค่อย ไป
マーニーは少しずつ歩いていきます。
นี่ ไม่ ค่อย เผ็ด　　これはあまり辛くありません。

❹ น้อย、หน่อย、นิดหน่อย

いずれも似たような意味の語ですが、**น้อย**は数が少ないという意味で、**มาก**の反対語です。**หน่อย**は依頼の**ขอ**、**ช่วย**や命令形の文末に付け、依頼や命令の度合いをやわらげるための「ちょっと」という意味です。最後の**นิดหน่อย**は数とともに程度が少ないという意味にもなります。

มี ข้าว น้อย　　　　　ご飯が少ししかありません。

ขอ ข้าว หน่อย　　　　　ちょっとご飯を下さい。

พูด ภาษา ไทย ได้ นิดหน่อย

タイ語を少し話すことができます。

❺ ต้ม ยำ とยำ

「トムヤムクン」といえば日本で最も有名なタイ料理の1つですが、正確には**ต้ม**が煮る、**ยำ**が酸っぱい料理、**กุ้ง**がエビの意味です。とくに日本人が通常発音する「トムヤムクン」のアクセントとタイ語の声調が違いますので注意してください。他にも**ต้ม ยำ ปลา**など、様々な**ต้ม ยำ**があります。**ยำ**は**ยำ เนื้อ**（牛肉サラダ）のような酸っぱい和え物にも用いられるので、酸味の効いた料理を指すものと考えていいでしょう。

タイ料理の名前は、調理法の最後にメインの食材の名前が入り、一般的には肉類か魚介類の名前が付きます。例えば、上記の例は「エビのトムヤム」です。しかし、**ยำ เนื้อ**のように、**เนื้อ**という語は単独で料理名の中で使われるときには牛肉の意味となります。

เนื้อ ย่าง　牛焼肉　　ก๋วยเตี๋ยว เนื้อ　牛肉クイティオ

4. 例文

เดชา ต้อง ไป โรงเรียน　deechaa tôŋ pay rooŋrian

デーチャーは学校に行かねばなりません。

ผม เพิ่ง กลับ มา จาก ญี่ปุ่น

phŏm phêŋ klàp maa càak yîipùn

僕は日本から帰ってきたばかりです。

สุดา ไม่ ค่อย ชอบ ใส่ แว่น

sùdaa mây khôy chɔ̂ɔp sày wɛ̂n

スダーは眼鏡をかけるのがあまり好きではありません。

คุณ ไม่ ต้อง ทำ ต้ม ยำ ไก่

khun mây tôŋ tham tôm yam kày

あなたは鶏トムヤムを作る必要はありません。

ปิติ ไป ซื้อ ของ ที่ ร้าน พี่ ชาย

pitìʔ pay sɯ́ɯ khɔ̌ŋ thîi ráan phîi chaay

ピティはお兄さんの店に買い物に行きました。

มานี ไม่ ได้ แจ้ง แม่ ว่า จะ ไป หา ชูใจ

maanii mây dây cɛ̂ŋ mɛ̂ɛ wâa càʔ pay hǎa chuucay

マーニーはお母さんに、チューチャイを訪ねていくつもりです、と伝えませんでした。

เดชา พูด ภาษา ญี่ปุ่น ได้ นิดหน่อย

deechaa phûut phaasǎa yîipùn dâay nítnɔ̀y

デーチャーは日本語を少し話すことができます。

ต้อง หา เงิน ก่อน แล้ว ค่อย ซื้อ เสื้อ ใหม่

tɔ̂ŋ hǎa ŋən kɔ̀ɔn lɛ́ɛw khɔ̂y sɯ́ɯ sɯ̂a mày

お金を調達してから新しい服を買いなさい。

มานี บอก พ่อ ว่า ป้า ทำ ข้าว เก่ง มาก

maanii bɔ̀ɔk phɔ̂ɔ wâa pâa tham khâaw kèŋ mâak

マーニーはお父さんに、おばさんは料理がとても上手です、と言いました。

ช่วย ไป ซื้อ ไก่ ย่าง และ ยำ เนื้อ หน่อย

chûay pay sɯ́ɯ kày yâaŋ lɛ́ʔ yam nɯ́a nɔ̀y

ちょっと焼鳥と牛肉ヤムを買いに行ってください。

5. 練習

❶ 次のタイ語を読んでみましょう。

1 ไม่ ได้ เจอ มา นาน ค่ะ คุณ ยามาดะ
2 ผม เพิ่ง กลับ มา จาก เมือง ไทย ครับ
3 คุณ ทำ อะไร มา ที่ เมือง ไทย คะ
4 ผม ได้ ซื้อ ของ หลาย อย่าง มา ครับ
5 ซื้อ ของ มา แล้ว จะ ทำ อะไร คะ
6 ผม จะ หา เงิน เปิด ร้าน อาหาร ไทย ครับ
7 ดี ค่ะ　　จะ ทำ ต้ม ยำ กุ้ง หรือ เปล่า คะ

8 ต้อง ทำ ครับ จะ มี ไก่ ย่าง และ ยำ เนื้อ ด้วย ครับ

9 มี คน ที่ ทำ อาหาร เก่ง หรือ เปล่า คะ

10 หา คน เก่ง อยู่ ครับ จะ ค่อย ทำ ค่อย ไป ครับ

❷ 次の発音記号をタイ文字に直しましょう。

1 maanii tôŋ maa rooŋrian kɔ̀ɔn phɯ̂an

2 dichǎn phə̂ŋ thaan tôm yam kûŋ maa khâʔ

3 deechaa mây khôy chɔ̂ɔp rian phaasǎa thay

4 mɯ̂a cháaw níi chuucay kin kǔaytǐaw pèt nɔ́ɔy

5 sùdaa pay sɯ́ɯ khɔ̌ŋ lɛ́ɛw dây sɯ́ɯ hɔ̌y maa

6 pitìʔ mây yàak sày wɛ̂n pay hǎa chuucay

7 khun mây tôŋ khɯɯn ŋən hây phǒm khráp

8 khǎw cɛ̂ŋ wâa càʔ mây tham ʔaahǎan phèt

9 mɛ̂ɛ bɔ̀ɔk wâa chuucay phûut phaasǎa yîipùn dâay nítnɔ̀y

10 dichǎn tôŋ pay kɔ̀ɔn khâ

❸ 次の文章をタイ語に直しましょう。

1 お母さんはトムヤムクンを作るのが上手です。

2 僕は先に行かねばなりません。

3 ピティは眼鏡をかけるのがあまり好きではありません。

4 マーニーは家から（を）出ていったばかりです。

5 おじさんは金を探して買い物に行きました。

6 あなたは急いで彼を訪ねていく必要はありません。

7　デーチャーは焼きアヒルを食べたいです。

8　なぜタイ料理はとても辛いのですか？

9　おばあさんはチューチャイに、お父さんを訪ねていくつもりです、と伝えます。

10　スダーは貝を探しに行きましたが、少ししか見つかりませんでした。

コラム⑪　日本語のタイ文字表記

既に何人か日本人の名前が出てきましたが、日本語をタイ文字で表記するときには、中子音と低子音を用いることと、短母音を使いすぎないことの2つの点が原則です。高子音を用いないのは、長母音記号を組み合わせた際に上声の声調となるのを避けるためです。このため、低子音の**ซ**や**ฮ**といった、タイ語ではあまり使わない子音のお世話になることになります。また、タイ語にない子音については適宜近いものに置き換えます。例えば、ザ行は**ซ**を用いてサ行で表記し、「キョウ」は**เกียว**と綴ります。「シ」の音は**ชิ**で表記しますが、「ツ」の音は難しく、前の音節にtの末子音を入れて**ตสุ**とするか、あるいは**สึ**にしてしまいます。母音については、短母音ばかりを用いると見かけ上、末子音のない形となることから促音節による声調の変化が起こるため、規則通りに読むと促音節の「っ」が音節ごとに入って聞き苦しくなります。3音節ならすべて長母音か長・長・短、4音節ならすべて長母音、長・長・長・短、あるいは長・短・長・短くらいが適切です。なお、外来語の場合、綴り上は平声でも勝手に下声にしてしまうことが多く、**ยามาโมโต**も実際には**ยามาโมโต้**と発音されます。以下、例をいくつか並べます。

林	**ฮายาชิ**	涼子	**เรียวโกะ**	柿崎	**คากิซากิ**
一郎	**อิจิโร**	新宿	**ชินจุกุ**	北海道	**ฮอกไกโด**
九州	**คิวชู**	京都	**เกียวโต**	松本	**มัตสุโมโตะ**

第20課
こんにちは、お元気ですか?
สวัสดี ครับ　สบาย ดี หรือ ครับ

文字：疑似二重子音
文法：「こんにちは」「はじめまして」「ごめんなさい」

1. 疑似二重子音

タイ語には通常の二重子音（真性二重子音）の他に疑似二重子音というものがあります。これは見かけ上は子音が2つ並んでいるものの、以下のように最初の子音の後に短母音のaを入れて発音するものです。

สวัส　sawàt　　**สบาย**　sabaay

第4課で見た真性二重子音になれる組み合わせ以外は、ほとんどがこの疑似二重子音となります。このため、タイ語には疑似二重子音を用いた単語がたくさんあります。

疑似二重子音で注意すべき点は、2つの子音のペアのグループです。真性二重子音の場合は1番目の子音のグループに従うと説明しましたが、疑似二重子音の場合は1番目の子音のグループと見なす場合と、2番目の子音のグループに従う場合があります。上記の例では、**สวัส**は1番目の子音のグループに従って高子音と見なしたの

で、促音節の末子音によって声調はwàtと低声になっていますが、後者の**สบาย**は2番目の子音のグループに従い、中子音に平音節の末子音が付いているので声調はbaayと平声になっています。

二重子音のグループは、2番目の子音の種類によって決まります。2番目の子音が低子音の単独字（高子音に同じ音を持たない字）の場合は1番目の子音のグループに従いますが、2番目の子音がそれ以外の場合は、2番目の子音のグループに従います。真性二重子音の場合は、2番目に来る子音がいずれも低子音の単独字であったことから、1番目の子音のグループに従っていたのです。

2. 単語

ตลาด	talàat	市場	สนุก	sanùk	楽しい
รถ	rót	車	รถไฟ	rótfay	汽車
อร่อย	ʔarɔ̀y	おいしい	ยินดี	yindii	喜ぶ
รู้จัก	rúucàk	知る	สยาม	sayǎam	シャム
สวัสดี	sawàtdii	こんにちは	ขึ้น	khʉ̂n	上る、乗る
สถานี	sathǎanii	駅、署	ลง	loŋ	下る、降りる
รถไฟฟ้า	rótfayfáa	電車	นั่ง	nâŋ	座る、乗る
สถานทูต	sathǎanthûut	大使館			
สบาย	sabaay	元気な、気楽な			
ขอโทษ	khɔ̌ɔthôot	ごめんなさい			
ฝรั่ง	faràŋ	グアバ、西洋人			
รถไฟใต้ดิน	rótfay-tâaydin	地下鉄			

3. 用例

❶ こんにちは、お元気ですか?

　ここでようやくタイ語の挨拶が書けるようになりました。「こんにちは」といういちばん基本の挨拶は、実は今から90年くらい前に作られた新しい語で、サンスクリット語起源の難しい単語を用いています。通常は丁寧形の**ครับ**か**ค่ะ**を最後に付けます。

　สวัสดี　ครับ / ค่ะ　こんにちは。

　また、元気であるという言い方は**สบาย　ดี**となるので、「お元気ですか?」という場合は疑問詞**หรือ**を付けるのが一般的です。

　สบาย　ดี　หรือ　ครับ / คะ　お元気ですか?
　สบาย　ดี　ครับ / ค่ะ　　　　元気です。
　ไม่　ค่อย　สบาย　ครับ / ค่ะ　あまり元気ではありません。

　この**สบาย**と**สนุก**（楽しい）はタイ人が最も重視する価値観の1つです。

❷ はじめまして

　「はじめまして」という言い方は、「知り合って喜ばしい」という意味の文になります。後者の方が丁寧な言い方になります。

ยินดี รู้จัก ครับ / ค่ะ　　　　はじめまして。
ยินดี ที่ ได้ รู้จัก ครับ / ค่ะ　はじめまして。

❸ ごめんなさい

　「ごめんなさい、すみません」という言い方は**ขอโทษ**になります。この語も通常は文末に**ครับ**か**ค่ะ**を付けます。受け答える場合は**ไม่เป็นไร**となります。

ขอโทษ ครับ / ค่ะ　　　　　　ごめんなさい。
ไม่เป็นไร ครับ / ค่ะ　　　　　構いません。

❹ シャムとサイアム

　สยามはタイの旧国名「シャム」のことです。バンコクには高架鉄道BTSに**สยาม**という駅があり、付近には**สยาม**という名の付くショッピングセンターや商店街がいくつかあり、日本人は英語のSiamの読みと同じく「サイアム」と呼んでいます。

❺ ขึ้นとลง

　本来の意味は**ขึ้น**が「上る」、**ลง**が「下る」ですが、乗り物の場合はそれぞれ「乗る」「降りる」という意味になります。なお、船の場合のみ、**ลง　เรือ**で「船に乗る」という意味になるので注意してください。「乗る」の場合は**นั่ง**という動詞を用いることも多いです。

นั่ง รถไฟฟ้า ไป สยาม

電車に乗ってサイアムに行きます。

また、この2つは方向副詞としても用いられ、それぞれ「上昇していく」「下降していく」という意味を与えます。

เมือง ไทย ร้อน ขึ้น　　タイは暑くなりました。
ญี่ปุ่น หนาว ลง　　日本は寒くなりました。

4. 例文

สวัสดี ครับ คุณ ตานากะ

sawàtdii khráp khun taanaakàʔ　　こんにちは、田中さん。

คุณ พ่อ สบาย ดี หรือ คะ　khun phɔ̂ɔ sabaay dii rʉ̌ʉ kháʔ

お父さんはお元気ですか？

ยินดี ที่ ได้ รู้จัก ครับ คุณ สุดา

yindii thîi dây rúucàk khráp khun sùdaa

はじめまして、スダーさん。

มี ฝรั่ง เยอะแยะ หน้า สถานี รถไฟ

mii faràŋ yə́ʔyɛ́ʔ nâa sathǎanii rótfay

駅の前に西洋人がたくさんいます。

ปิติ ลง รถ แล้ว เดิน เข้า ไป ใน สถานทูต ญี่ปุ่น

pitìʔ loŋ rót lɛ́ɛw dəən khâw pay nay sathǎanthûut yîipùn

ピティは車を降りてから歩いて日本大使館の中に入っていきました。

ผม ต้อง ขอโทษ คุณ ครับ

phǒm tɔ̂ŋ khɔ̌ɔthôot khun khráp

僕はあなたに謝らなければなりません。

เดชา ขึ้น รถไฟฟ้า ไป สถานี สยาม

deechaa khɯ̂n rotfayfáa pay sathǎanii sayǎam

デーチャーは電車に乗ってサイアム駅に行きます。

ชูใจ ไป ซื้อ ของ ที่ ตลาด

chuucay pay sɯ́ɯ khɔ̌ŋ thîi talàat

チューチャイは市場に買い物に行きます。

อาหาร ที่ ยาย ขาย อยู่ อร่อย ขึ้น

ʔaahǎan thîi yaay khǎay yùu ʔarɔ̀y khɯ̂n

おばあさんが売っている料理がよりおいしくなりました。

มานี บอก ว่า อยาก จะ ไป สวน สนุก

maanii bɔ̀ɔk wâa yàak càʔ pay sǔan sanùk

マーニーは、楽しい庭（遊園地）に行きたい、と言いました。

5. 練習

❶ 次のタイ語を読んでみましょう。

1 สวัสดี ครับ คุณ สุดา　ยินดี ที่ ได้ รู้จัก ครับ
2 สวัสดี ค่ะ คุณ โนมูระ　ดิฉัน ก็ ยินดี ค่ะ
3 คุณ รู้จัก พ่อ ผม ใช่ ไหม ครับ
4 รู้จัก ค่ะ　เขา สบาย ดี หรือ คะ
5 สบาย ดี ครับ　พ่อ บอก ว่า เคย เจอ คุณ สุดา
6 ใช่ ค่ะ　ไป ไหน มา คะ

7 ผม ไป ซื้อ ของ ที่ สยาม มา ครับ

8 ไป ซื้อ ของ ที่ สยาม สนุก ไหม คะ

9 สนุก ครับ แต่ ต้อง เดิน ไป ไกล ครับ

10 ไม่ ต้อง เดิน ไกล ค่ะ จะ นั่ง รถไฟฟ้า ไป ลง ที่ สถานี สยาม ก็ ได้ ค่ะ

❷ 次の発音記号をタイ文字に直しましょう。

1 sawàtdii khâʔ khun yaamaamootoo

2 yindii thîi dây rúucàk khráp khun maalii

3 khɔ̌ɔthôot khâʔ dichǎn tôŋ pay kɔ̀ɔn khâʔ

4 khun mɛ̂ɛ sabaay dii rɯ̌ɯ khráp

5 chuucay khɯ̂n rót pay sathǎanthûut thay

6 faràŋ chɔ̂ɔp mɯaŋ thay phrɔ́ʔ mii ʔaahǎan ʔarɔ̀y yə́ʔyɛ́ʔ

7 deechaa loŋ rótfay-tâaydin thîi sathǎanii sǐilom

8 phɔ̂ɔ yàak pay sɯ́ɯ khɔ̌ŋ thîi talàat

9 sawàtdii pii mày khâʔ khun pùu

10 pâa pitìʔ mây khôy sabaay rɯ̌ɯ

❸ 次の文章をタイ語に直しましょう。

1 マーニーはお父さんに、遊園地に行きたい、と言います。

2 あなたは田中さんをご存知ですか？

3 デーチャーはサイアム駅から電車に乗ります。

4 こんにちは、お元気ですか。

5 はじめまして、ピティさん。

6　古い市場の中にはたくさんの種類の店があります。

7　デーチャーは、タイ料理はおいしいですか、と尋ねます。

8　なぜタイ人はグアバと呼ぶのですか？

9　チューチャイのおじいさんはあまり元気ではありません。

10　お母さんは日本大使館の前で車を降ります。

コラム⑫　「乗る」と「降りる」

　通常は乗り物に乗る時には**ขึ้น**あるいは**นั่ง**を、降りる時には**ลง**を使いますが、船の場合には**ลง เรือ**で「船に乗る」という意味になると書きました。これは**ขึ้น**と**ลง**の元々の意味、すなわち「上る」と「下る」に由来しています。**ขึ้น**は「上る」という意味ですから、例えば車に乗り込む時の動作は地面から車に「上る」という動作になります。鉄道の場合も、在来線の列車は低いホームからステップを使って「上る」ことになりますので同じく**ขึ้น**が乗るという意味になります。昔はタラップで乗り込むのが一般的であった飛行機の場合も同様です。

　ところが、船の場合は地面を基準にすると船に「下る」という動作になります。ここでの船は大きな外洋船ではなく、タイで一般的に用いられている、河川や運河を走る小型船を意味します。写真の船はバンコクの運河で運行されている船ですが、このような船に乗り込む際には、船着場から船に「下る」ことになります。このため、伝統的に船の場合は**ลง เรือ**、すなわち「船に下る」という言い方をしてきたのです。今ではあまり使いませんが、船を降りる場合は、「陸に上る（**ขึ้น บก**）」「船着場に上る（**ขึ้น ท่า**）」という言い方になります。このように、「上る」「下る」という動作を基準にしているため、異なる乗り物に乗る時に正反対の単語を使うことになるのです。

第21課

マーニーはピティと親しいです

มานี สนิทสนม กับ ปีติ

文字：子音の三連続

文法：昨日・今日・明日、「～と」「すべて」、名詞化

1. 子音の三連続

短母音のoの末子音付の形は、見かけ上は頭子音と末子音が並んでいますが、頭子音が二重子音の場合は子音のみ3つ並ぶこともあります。また、真性二重子音と疑似二重子音のほか、高子音化されている場合もあり得ますので注意が必要です。

ตรง troŋ　　**ถนน** thanǒn　　**หมด** mòt

最初の**ตรง**が真性二重子音、2番目の**ถนน**が疑似二重子音、最後の**หมด**が高子音化の例です。他に、第23課で出てくる特殊な読み方を用いた子音の三連続の例もあります。

2. 単語

ขนม	khanǒm	菓子	วัน	wan	日
ถนน	thanǒn	道路	กัน	kan	互いに、一緒に
ตรง	troŋ	まっすぐ	สงบ	saŋòp	静かな
การ	kaan	事	ความ	khwaam	事
ดึก	dɯ̀k	深夜の	หมด	mòt	なくなる
กับ	kàp	～と	ตอน	tɔɔn	部分、頃
ทุก	thúk	すべて	หลับ	làp	眠る
นอน	nɔɔn	寝る	พรุ่งนี้	phrûŋníi	明日
เมื่อวานนี้	mɯ̂awaanníi	昨日	สนิทสนม	sanìtsanǒm	親しい
สุขุมวิท	sukhǔmwít	スクムウィット（地名）			
พญาไท	phayaathay	パヤータイ（地名）			

3. 用例

❶ ตอนの使い方

ตอนは「部分」という意味ですが、日常的には時間の一部分を指して使うことが多いです。

ตอน นี้	今頃
ตอน ที่ อยู่ เมือง ไทย	タイにいた時

また、「朝、昼、夜」のような一日をいくつかに分ける言い方は次のようになります。

ตอน เช้า	朝、午前中
ตอน เที่ยง	昼
ตอน บ่าย	午後
ตอน เย็น	夕方
ตอน ดึก	深夜

なお、単に昼と夜のみに分ける場合は、中（**กลาง** klaaŋ）という語を用いて、それぞれ**ตอน กลาง วัน**、**ตอน กลาง คืน**と言います。

❷ 昨日・今日・明日

วันは「日」なので、指示代名詞の**นี้**を付けると「今日」になります。昨日は今朝、昨晩と同じような言い方をします。

เมื่อวานนี้ มานี ไป โรงเรียน

昨日マーニーは学校に行きました。

วันนี้ มานี ไป โรงเรียน

今日マーニーは学校に行きます。

พรุ่งนี้ มานี จะ ไป โรงเรียน

明日マーニーは学校に行くつもりです。

❸ กับとกัน

似たような単語ですが、前者は「〜と〜、〜と一緒に」、後者は「互いに、一緒に」という意味です。

มานี สนิทสนม กับ ชูใจ

マーニーはチューチャイと親しいです。

มานี กับ ชูใจ สนิทสนม กัน

マーニーとチューチャイは互いに親しいです。

กับは**และ**と同じく並列の意味もあります。**กัน**は**ด้วย**と一緒に用いることも多いです。

จะ ไป ด้วย กัน　　　一緒に行きます。

❹ ทุกの使い方

ทุกは「すべて」という意味で、**กี่**や**หลาย**と同じく類別詞の直前の、本来数字が入る位置に入ります。名詞と一緒に使う場合は、必ず類別詞を後ろに取る必要があります。

ทุก วัน　毎日　　ทุก ปี　毎年　　　ทุก คน　全員
เสื้อ ทุก ตัว すべての服　　เพื่อน ทุก คน すべての友達

❺ การとความ

どちらも動詞や形容詞を名詞化する言葉ですが、具体的な事には**การ**、抽象的な事には**ความ**を使います。

การ เรียน　　　　　勉強
ความ สงบ　　　　　静かさ

การの後に**ที่**を置いて長い名詞を作ることもできます。

การ ที่ เรียน ภาษา ญี่ปุ่น นั้น ไม่ ง่าย

日本語を勉強することは簡単ではありません。

この場合の**นั้น**は、主語が終わったことを表すもので、「その」という意味はありません。

4. 例文

ผม จะ ไป หา พ่อ ตอน ดึก

phǒm càʔ pay hǎa phɔ̂ɔ tɔɔn dùk

僕は深夜にお父さんを訪ねていくつもりです。

ตอน นี้ คุณ สุดา ไม่ อยู่ ค่ะ

tɔɔn níi khun sùdaa mây yùu khâʔ

今スダーさんはいません。

มานี สนิทสนม กับ ปิติ มาก

maanii sanìtsanǒm kàp pitìʔ mâak

マーニーはピティととても親しいです。

ไป กิน ข้าว ด้วย กัน เถอะ pay kin khâaw dûay kan thèʔ

一緒にご飯を食べに行きましょう。

เมื่อวานนี้ ทำไม ลูก ชาย นอน ไม่ หลับ

mɨ̂awaaníi thammay lûuk chaay nɔɔn mây làp

昨日なぜ息子は眠れなかったのですか？

พรุ่งนี้ แม่ จะ ไป ซื้อ ของ ที่ ถนน สุขุมวิท

phrûŋníi mɛ̂ɛ càʔ pay sɯ́ɯ khɔ̌ɔŋ thîi thanǒn sukhǔmwít

明日お母さんはスクムウィット通りに買い物に行くつもりです。

ทุก วัน เดชา มา สาย เพราะ ตื่น สาย

thúk wan deechaa maa sǎay phrɔ́ʔ tɯ̀ɯn sǎay

毎日デーチャーは寝坊のため遅刻します。

การ ที่ ทำ ขนม กับ น้อง สาว นั้น สนุก มาก

kaan thîi tham khanǒm kap nɔ́ɔŋ sǎaw nán sanùk mâak

妹と一緒にお菓子を作ることはとても楽しいです。

พี่ สาว สุดา ชอบ ความ สงบ

phîi sǎaw chuucay chɔ̂ɔp khwaam saŋòp

チューチャイのお姉さんは静かさが好きです。

ป้า ขาย อาหาร หมด แล้ว ทุก อย่าง

pâa khǎay ʔaahǎan mòt lɛ́ɛw thúk yàaŋ

おばさんはすべての種類の料理を売り尽くしてしまいました。

5. 練習

❶ 次のタイ語を読んでみましょう。

1 เมื่อวานนี้ ไป ไหน มา ครับ

2 ฉัน ไป หา ชูใจ ค่ะ　สนิทสนม กัน มาก ค่ะ

3 ทำ อะไร มา ที่ บ้าน ชูใจ ครับ

4 ฉัน ทำ ขนม กับ ชูใจ ค่ะ　สนุก มาก ค่ะ

5 บ้าน ชูใจ อยู่ ที่ ไหน ครับ

6 อยู่ ที่ ถนน พญาไท ค่ะ ลง รถไฟฟ้า ที่ สถานี พญาไท แล้ว เดิน ตรง ไป ค่ะ
7 ผม อยาก กิน ขนม ที่ คุณ กับ ชูใจ ทำ
8 ขอโทษ ค่ะ ฉัน ได้ กิน หมด แล้ว ค่ะ
9 ไม่เป็นไร ครับ แล้ว กลับ บ้าน มา ตอน ไหน ครับ
10 กลับ มา ตอน เย็น ค่ะ

❷ 次の発音記号をタイ文字に直しましょう。

1 chuucay kàp sùdaa sanìtsanǒm kan mǎy
2 phɔ̂ɔ khɯ̂n rót thîi thanǒn sukhǔmwít pay talàat
3 wanníi khun càʔ pay tham khanǒm rɯ̌ɯ plàw
4 rooŋrian khɔ̌ɔŋ pitìʔ yùu thîi thanǒn phayaathay
5 mɯ̂awaanníi deechaa mây dây nâŋ rótfayfáa pay bâan chuucay
6 phrûŋníi tɔɔn bàay cəə kan mày khráp
7 deechaa kin khâaw mòt lɛ́ɛw rɯ̌ɯ
8 mɯ̂akhɯɯnníi thúk khon nɔɔn làp sabaay
9 thammay ʔaa ʔɔ̀ɔk càak ráan tɔɔn dɯ̀k
10 kaan thîi maanii pay hǎa khǎw nán mây khuan bɔ̀ɔk mɛ̂ɛ

❸ 次の文章をタイ語に直しましょう。

1 マーニーは誰と親しいですか？
2 毎年田んぼの中にはあまり水が多くありません。
3 明日デーチャーは何時に目覚めますか？

4　チューチャイとスダーは地下鉄に乗ってスクムウィット通りに行きます。
5　お母さんは午後には帰ってくると思います。
6　おじさんは市場でマーニーに菓子を買ってきてあげました。
7　昨日ピティはご飯を食べ尽くしてしまいました。
8　一緒にサイアムに買い物に行きましょう。
9　おばあさんはパヤータイ駅で電車を降りました。
10　チューチャイは店の中のすべての服を買いたいです。

コラム⑬　タイ数字

タイ語にも独自の数字があります。以下の通りになります。

1	๑	2	๒	3	๓	4	๔	5	๕
6	๖	7	๗	8	๘	9	๙	0	๐

このうち、๗は声調記号の第3記号で、๘は短母音e、ɛ、ɔの末子音付きの場合に母音記号のパーツとして、それぞれ小さくしたものを使用しています。ゼロは本文中では出てきませんでしたが、สูญ（sǔun）と呼びます。

最近はタイ数字を使う場面は少なくなりましたが、公文書は現在もタイ数字のみを用いているものが多いです。また、観光地などで外国人料金がある場合に、タイ人料金をタイ数字で表記して外国人が特別料金に気が付かないように「配慮」しているところもあります。なお、この数字はカンボジアのクメール数字も全く同じものを使用しており、タイ文字の祖先であるクメール文字が入ってきたときにクメール数字も流入し、そのまま用いられているものと思われます。ラオスのラーオ文字はタイ文字をより簡単にしたものですが、ラーオ数字はタイ数字とは異なる部分が多いです。

第22課
政府は国を開発します
รัฐบาล พัฒนา ประเทศ

文字：再読文字
文法：「たぶん」「〜かもしれない」「〜でありますよう」

1. 新出文字・再読文字

低子音	ฆ	khɔɔ rakhaŋ	ฒ	thɔɔ phûuthâw	ธ	thɔɔ thoŋ
高子音	ฐ	thɔ̌ɔ thǎan				

タイ語の単語の中には、音節が2つ以上ある時に最初の音節の末子音を次の音節の頭子音（二重子音）として読むものがあります。このような語は、とくに2つの単語を組み合わせたサンスクリット語からの借用語によく見られます。

例えば、ผลไม้はผลとไม้の2つの単語に分けられ、それぞれ単独ではphǒn、máay（長母音化する例外）と発音しますが、1つにするとphǒn-lamáayと1音節目の末子音のลを2音節目のไม้の前に付けてลไม้とみなし、疑似二重子音として発音します。基本的には疑似二重子音の要領で再読した子音にはaを入れますが、中にはศัตรู（sàt-truu）のように再読した子音と次の子音が真性二重子音の関係になる場合にはaを入れない場合もあります。

2音節以上の単語の場合はこのように再読して発音する単語が多

いですが、そうでない場合もありますので、基本的には単語ごとに
覚えていくことになります。

2. 単語

ร้อย	rɔ́ɔy	100	พัน	phan	1000	
วัด	wát	寺	คง	khoŋ	たぶん	
เที่ยว	thîaw	遊ぶ	ศัตรู	sàt-truu	敵	
สุข	sùk	幸せな	สุขภาพ	sùk-khaphâap	健康	
รักษา	ráksǎa	維持する	รัฐบาล	rát-thabaan	政府	
ผลไม้	phǒn-lamáay	果物				
พัฒนา	phát-thanaa	開発する、発展する				
ประเทศ	prathêet	国				
พัทยา	phát-thayaa	パッタヤー（地名）				
โฆษณา	khôot-sanaa	広告				
อยุธยา	ʔayút-thayaa	アユッタヤー（地名）				
คุณภาพ	khun-naphâap	品質				
อาจ	ʔàat	〜かもしれない				

3. 用例

❶ 百、千の位

　数字の百、千の位も基本的には十の位と同じ要領で数字を組み合
わせます。10については**หนึ่ง**は付けませんが、百、千の場合
は、**หนึ่ง ร้อย**、**หนึ่ง พัน**とすることもできます。**ยี่**は20台のみ使

い、200、2000台の場合は**สอง**を使います。

สอง ร้อย ห้า สิบ หก　　　　　256
สาม พัน สี่ ร้อย เจ็ด สิบ แปด　　　3478

　ちなみに、タイで一般的に使われているのは仏暦で、西暦に543を足した数となります。

ปี สอง พัน ห้า ร้อย ห้า สิบ เก้า　2559年（2016年）

❷ เมือง と ประเทศ

　前に出てきた**เมือง**は「タイ国」という場合のみ国の意味になると説明しましたが、**ประเทศ**には都市の意味はなく、もっぱら国の意味となります。

ประเทศ ไทย　タイ国　　　ประเทศ ญี่ปุ่น　日本国

　タイの場合は**ประเทศ ไทย**といったほうが**เมือง ไทย**よりもやや硬い言い方になります。

❸ คง と อาจ

　คงは「たぶん～だろう」、**อาจ**は「～かもしれない」という意味のそれぞれ副詞と助動詞です。主語と動詞の間に置きます。**คง**は否定できませんが、**อาจ**は直前に**ไม่**を入れて「～しそうにない」とい

う意味で用いることもできます。**จะ**と一緒に使うことが多いです。

มานี คง จะ มา

マーニーはたぶん来るでしょう。

เดชา อาจ จะ มา สาย

デーチャーは遅刻するかもしれません。

พ่อ ไม่ อาจ จะ ไป

お父さんは行きそうにありません。

❹ ～でありますように

ขอ ให้と並べると「～でありますように」という意味になります。

ขอ ให้ มี ความ สุข　　幸せでありますように。

ขอ ให้ รักษา สุขภาพ　　健康を維持されますように。

4. 例文

เมือง ไทย มี ผลไม้ หลาย ร้อย อย่าง

mɯaŋ thay mii phǒn-lamáay lǎay rɔ́ɔy yàaŋ

タイには何百種類もの果物があります。

รัฐบาล ไทย ได้ พัฒนา ประเทศ มา

rát-thabaan thay dây phát-thanaa prathêet maa

タイ政府は国を開発してきました。

มานี ไป เที่ยว อยุธยา กับ เพื่อน

maanii pay thîaw ʔayút-thayaa kàp phɯ̂an

マーニーは友達とアユッタヤーに遊びに行きます。

ผม เคย ไป ประเทศ ญี่ปุ่น เมื่อ ปี สอง พัน ห้า ร้อย สี่ สิบ หก

phŏm khəəy pay prathêet yîipun mɯ̂a pii sɔ̌ɔŋ phan hâa rɔ́ɔy sìi sìp hòk

僕は2546年に日本に行ったことがあります。

คุณ คง จะ หา บ้าน ที่ มี คุณภาพ ดี ได้

khun khoŋ càʔ hǎa bâan thîi mii khun-naphâap dii dâay

あなたはたぶん質の良い家を探すことができるでしょう。

ชูใจ ไม่ ค่อย ชอบ ดู โฆษณา

chuucay mây khɔ̂y chɔ̂ɔp duu khôot-sanaa

チューチャイは広告を見るのがあまり好きではありません。

คุณ ตานากะ นั่ง รถ ไป เที่ยว พัทยา

khun taanaakàʔ nâŋ rót pay thîaw phát-thayaa

田中さんは車に乗ってパッタヤーに遊びに行きます。

รถไฟ ไทย ไม่ ได้ พัฒนา มา นาน

rótfay thay mây dây phát-thanaa maa naan

タイの鉄道は長い間発展してきませんでした。

อา เดชา อาจ จะ มี ศัตรู หลาย คน

ʔaa deechaa ʔàat càʔ mii sàt-truu lǎay khon

デーチャーのおじさんにはたくさんの敵がいるかもしれません。

ขอ ให้ คุณ ยาย รักษา สุขภาพ ให้ ดี ค่ะ

khɔ̌ɔ hây khun yaay ráksǎa sùk-khaphâap hây dii khâʔ

おばあさまがご健康でいられますように。

5. 練習

❶ 次のタイ語を読んでみましょう。

1 ประเทศ ไทย มี ผลไม้ เมือง ร้อน หลาย อย่าง
2 คน ที่ มา เที่ยว ประเทศ ไทย ก็ ชอบ กิน ผลไม้ ไทย
3 เขา บอก ว่า ผลไม้ ไทย อร่อย มาก
4 เขา อยาก เอา ผลไม้ ไทย กลับ บ้าน
5 อาจ จะ มี คน ญี่ปุ่น หลาย คน ที่ ถือ มะม่วง ไป
6 แต่ รัฐบาล ญี่ปุ่น ไม่ ให้ ผลไม้ ไทย เข้า มา ใน ญี่ปุ่น
7 รัฐบาล ญี่ปุ่น โฆษณา ว่า ผลไม้ ไทย มี คุณภาพ ไม่ พอ
8 รัฐบาล ไทย ก็ ควร จะ พัฒนา ผลไม้ ไทย ให้ ดี ขึ้น
9 คน ที่ ทำ สวน ผลไม้ ก็ ต้อง พัฒนา สวน ผลไม้
10 ถ้า คุณภาพ ของ ผลไม้ ดี ขึ้น หลาย ประเทศ ก็ คง จะ ซื้อ ผลไม้ ไทย

❷ 次の発音記号をタイ文字に直しましょう。

1 mii lǎay phan khon rɔɔ rótfay yùu thîi sathǎanii
2 tɔ̂ŋ phát-thanaa khon kɔ̀ɔn phát-thanaa prathêet
3 phǒn-lamáay thay mii khun-naphâp dii mǎy

4 phǒm mây khəəy pay thîaw phát-thayaa

5 pùu deechaa ráksǎa sùk-khaphâap dâay dii

6 pitìʔ khoŋ mây mii sàt-truu nay rooŋrian

7 maanii mây ʔàat pay thîaw ayút-thayaa dâay

8 sùdaa mây dây duu khôot-sanaa

9 phrûŋníi khǎw ʔàat càʔ pay duu wát kàw

10 khɔ̌ɔ hây chuucay mii ŋən cháy mâak

❸ 次の文章をタイ語に直しましょう。

1 チューチャイはたぶん寝坊するでしょう。

2 タイ政府は国を開発すべきです。

3 この服の質は良いですか？

4 昨日列車に乗ってアユッタヤーに遊びに行ってきました。

5 ピティのお父さんには敵がたくさんいますか？

6 僕は536バーツのお金を持っています。

7 明日マーニーはチューチャイを訪ねていくかもしれません。

8 古い寺の中には犬がたくさんいます。

9 なぜデーチャーはパッタヤーに行きたいのですか？

10 おじいさんがお幸せでありますように。

第23課
おじさんは家を建て終えました
อา สร้าง บ้าน เสร็จ แล้ว

文字：特殊な読み方
文法：「〜から〜まで」「終える」、年月日

1. รの特殊な読み方とฤ

รには特殊な読み方がたくさんあります。

❶ 子音+ร

子音の後にรが付いている場合、รはɔɔという音になります。音節の途中の場合はรを再読してɔɔ-raとなり、รに母音が付いている場合はその母音に従います。また、音節の最後の場合は、รを末子音としてもう一度発音するので、ɔɔnとなります。

จระเข้ cɔɔ-rakhêe　บริษัท bɔɔ-risàt　นคร nákhɔɔn

❷ รร

รが2つ並んでいる場合は、末子音がある場合はa、ない場合はanという音になります。後者の場合、後に音節が続くときにはรを再読してan-raとなります。

ธรรมดา tham-madaa　　ภรรยา phan-rayaa

❸ ทร

この2つの子音が頭子音として並ぶ時にはsという音になります。元の子音の音とは全く異なるので注意が必要です。

ทราบ sâap　　ทราย saay

ただし、**อินทรา**については?inthraa（インドラ神）と発音します。

❹ สร・ศร・จร

いずれも**ร**を無視して直前の子音のみを発音します。

สร้าง sâaŋ　　ศรี sǐi　　จริง ciŋ

❺ 読まないร

末子音の直前にある**ร**は無視して発音します。

สามารถ sǎamâat　　เกียรติ kìat

2番目のものは末子音も例外です（第24課参照）。

❻ ฤ

ฤは頭子音と母音からなる特殊な文字で、riとrɯの2つの音があります。どちらで読むかは単語によって決まります。

พฤษภาคม　phrɯ́t-saphaakhom　　อังกฤษ　ʔaŋkrìt

なお、他に似たようなものとしてฤๅ(rɯɯ)、ฦ(lɯ)、ฦๅ(lɯɯ)の3つがありますが、現在はほとんど使いません。

2. 単語

ทราบ	sâap	知る	จริง	ciŋ	本当の
สร้าง	sâaŋ	建設する	ตั้งแต่	tâŋtɛ̀ɛ	〜から
เดือน	dɯan	月	เสร็จ	sèt	終わる
ถึง	thɯ̌ŋ	〜まで、着く	จระเข้	cɔɔ-rakhêe	ワニ
ภรรยา	phan-rayaa	妻	สามารถ	sǎamâat	〜できる
บริษัท	bɔɔ-risàt	会社	ธรรมดา	tham-madaa	普通

พฤษภาคม	phrɯ́t-saphaakhom	5月
อังกฤษ	ʔaŋkrìt	イギリス
พฤหัสบดี	phrɯ́hàt-sabɔɔdii	木曜
พฤศจิกายน	phrɯ́t-sacikaayon	11月

นคร ศรีธรรมราช　nákhɔɔn sǐitham-marâat
ナコーンシータムマラート（地名）

木曜はpharɯ́hàt-sabɔɔdiiと最初の音節にaを入れて発音することが多く、後半のsabɔɔdiiも日常的には省略されます。また、**บดี**をbɔɔdiiと読むのも例外です。

3. 用例

❶ สามารถの使い方

　　สามารถは「～できる」という意味の助動詞です。既に可能表現のได้が出てきましたが、正式には「**สามารถ～ได้**」という形で並べます。否定する場合は**ไม่**を**สามารถ**の直前に置きます。日常会話では使いませんが、公式な文書や演説などで用いられ、とくに否定形のほうが使用頻度は高いです。

 รัฐบาล สามารถ พัฒนา ประเทศ ได้
政府は国を開発することができます。
ภรรยา ไม่ สามารถ พูด ภาษา อังกฤษ ได้
妻は英語を話すことができません。

❷ ～から～まで

　　ตั้งแต่は「～から」という意味で、場所、時間共に使えますが、場所の場合は**จาก**を使うことが多いです。後半の**แต่**のみを使う場合もあります。「～まで」の**ถึง**は場所、時間共に使えます。

ตั้งแต่ วัน ที่ หนึ่ง ถึง วัน ที่ ห้า　　1日から5日まで
จาก โตเกียว ถึง โอซากา　　　　　　　　東京から大阪まで

❸ เสร็จの使い方

　　เสร็จは文末に付いて「～し終える」という意味になります。動詞を省略し、単に**เสร็จ แล้ว**ということも多いです。

อา สร้าง บ้าน เสร็จ แล้ว

おじさんは家を建て終わりました。

❹ 年月日の言い方

　タイ語では日、月、年の順に言います。月は数字を用いず固有の名詞を使います。

วัน ที่ ห้า เดือน พฤศจิกายน ปี สอง พัน ห้า ร้อย ห้า สิบ เก้า

2559年11月5日

　年月の過去、現在、未来を示す際には、それぞれ**ที่ แล้ว**、**นี้**、**หน้า**を付けます。

ปี ที่ แล้ว 　　昨年　ปี นี้ 　　　今年　　ปี หน้า 　　来年
เดือน ที่ แล้ว 先月　เดือน นี้ 今月　　เดือน หน้า 来月

　過去の場合は最初に**เมื่อ**を付ける場合も多いです。
　なお、この言い方は月名や曜日にも用いられますが、**นี้**を付けると「今度の」という意味になるので注意が必要です。

วัน พฤหัสบดี ที่ แล้ว 　前の木曜日
เดือน พฤษภาคม นี้ 　　今度の5月
วัน พฤหัสบดี นี้ 　　　今度の木曜日
วัน พฤหัสบดี หน้า 　　次の木曜日 （1週間後）

❺ เมียとภรรยา

既に出てきた**เมีย**は口語で**ภรรยา**は文語です。同様に**ผัว**は口語で**สามี**は文語です。

สามี ทะเลาะ กับ ภรรยา ทุก วัน
夫は毎日妻と口論します。

4. 例文

พ่อ ออก จาก บ้าน ไป บริษัท ตั้งแต่ เช้า
phɔ̂ɔ ʔɔ̀ɔk càak bâan pay bɔɔ-risàt tâŋtɛ̀ɛ cháaw
お父さんは朝から家を出て会社に行きます。

เขา จะ ถึง นครศรีธรรมราช ตอน เย็น
khǎw càʔ thɯ̌ŋ nákhɔɔn sǐitham-marâat tɔɔn yen
彼は夕方ナコーンシータムマラートに着くでしょう。

ทราบ ไหม ว่า เดชา ได้ กลับ มา
sâap mǎy wâa deechaa dây klàp maa
デーチャーが帰ってきたことをご存じですか？

ชูใจ ทาน ข้าว เสร็จ เมื่อไร
chuucay thaan khâaw sèt mɯ̂aray
チューチャイはいつご飯を食べ終わりますか？

ต้ม ยำ กุ้ง ที่ แม่ ทำ ไม่ ธรรมดา
tôm yam kûŋ thîi mɛ̂ɛ tham mây tham-madaa
お母さんが作るトムヤムクンは普通ではありません。

ผม ไป หา ตา เมื่อ วัน ที่ แปด เดือน พฤษภาคม

phǒm pay hǎa taa mʉ̂a wan thîi pɛ̀ɛt dʉan phrʉ́t-saphaakhom

僕は5月8日におじいさんを訪ねていきました。

คุณ ชอบ เรียน ภาษา อังกฤษ ไหม

khun chɔ̂ɔp rian phaasǎa aŋkrìt mǎy

あなたは英語を勉強するのが好きですか？

เจอ กัน ใหม่ ใน วัน พฤหัสบดี นี้

cəə kan mày nay wan phrʉ́hàt-sabɔɔdii níi

今度の木曜日にお会いしましょう。

ภรรยา ไม่ สามารถ ไป หา หมอ ได้

phan-rayaa mây sǎamâat pay hǎa mɔ̌ɔ dâay

妻は医者に行くことができません。

พี่ สาว ไม่ อยู่ ที่ บ้าน ถึง วัน ที่ สิบ เอ็ด เดือน หน้า

phîi sǎaw mây yùu thîi bâan thʉ̌ŋ wan thîi sìp ʔèt dʉan nâa

お姉さんは来月11日まで家にいません。

5. 練習

❶ 次のタイ語を読んでみましょう。

1 คุณ เคย ไป นครศรีธรรมราช แล้ว หรือ ยัง
2 ยัง ไม่ เคย ไป แต่ อยาก ไป ด้วย
3 ผม เพิ่ง ไป มา เมื่อ เดือน พฤศจิกายน ที่ แล้ว
4 มี อะไร สนุก ไหม
5 มี เยอะแยะ　ผม ไป ดู วัด ที่ เพิ่ง สร้าง เสร็จ

6 แล้ว ที่ วัด ใหม่ นี่ มี อะไร ที่ ไม่ ธรรมดา หรือ
7 มี จระเข้ ตัว จริง หลาย ตัว อยู่ ใน วัด
8 ทราบ ไหม ว่า มี คน เห็น จระเข้ หน้า บริษัท เรา ด้วย
9 จริง หรือ เขา ได้ เห็น เมื่อไร
10 เมื่อ วัน พฤหัสบดี ที่ แล้ว

❷ 次の発音記号をタイ文字に直しましょう。

1 phan-rayaa phǒm sǎamâat phûut phaasǎa aŋkrìt dâay kèŋ
2 phîi chaay càʔ pay mɯaŋ thay tâŋtɛ̀ɛ mɯ̂aray
3 phɔ̂ɔ yaŋ mây klàp maa càak bɔɔ-risàt
4 taa phêŋ sâaŋ bâan sèt lɛ́ɛw
5 phǒm càʔ pay thîaw nákhɔɔn sǐitham-marâat nay dɯan phrɯ́t-saphaakhom níi
6 pitìʔ sâap lɛ́ɛw wâa maanii càʔ pay prathêet yîipùn
7 sùdaa klua cɔɔ-rakhêe nay mɛ̂ɛ náam
8 nɔ́ɔŋ sǎaw càʔ pay thîaw phát-thayaa thǔŋ wan phrɯ́hat-sabɔɔdii
9 ciŋ rɯ̌ɯ plàw wâa maanii mii phîi chaay
10 khǎw càʔ rian phaasǎa thay nay dɯan phrɯ́t-sacikaayon

❸ 次の文章をタイ語に直しましょう。

1 マーニーはたくさんのワニを見ます。
2 お兄さんはいつからいつまでタイに行きますか？
3 デーチャーは木曜日に遅刻しました。
4 チューチャイは会社にお父さんを訪ねていきます。

5　妻はクイティオを作り終えたばかりです。

6　5月にイギリスに遊びに行くつもりです。

7　彼が医者であることをご存知でしたか？

8　ピティは、本当ではありません、と言いました。

9　おじさんは列車に乗ってナコーンシータムマラートから来ます。

10　今度の11月に学校を建て終わる予定です。

コラム⑭　月の名前

タイ語の月の名前は、英語と同様に独自の単語を用いているので覚える必要があります。以下、1月から12月まで並べてみます。

1月	มกราคม	mákaraakhom
2月	กุมภาพันธ์	kumphaaphan
3月	มีนาคม	miinaakhom
4月	เมษายน	meesǎayon
5月	พฤษภาคม	phrɯ́t-saphaakhom
6月	มิถุนายน	míthùnaayon
7月	กรกฎาคม	kàrákkadaakhom
8月	สิงหาคม	sǐŋhǎakhom
9月	กันยายน	kan-yaayon
10月	ตุลาคม	tulaakhom
11月	พฤศจิกายน	phrɯ́t-sacikaayon
12月	ธันวาคม	thanwaakhom

1月は俗称でmók-karaakhomとも呼ばれています。いずれも星座の名前に由来しており、大の月（31日）は末尾に**คม**が、小の月（30日）は末尾に**ยน**が付いています。それぞれ前半と後半の頭文字を取って**ม.ค.**（1月）のような略称がありますが、**มี.ค.**（3月）、**เม.ย.**（4月）、**มิ.ย.**（6月）は区別のために母音記号も付けます。

第24課
焼鳥が一番おいしいです
ไก่ ย่าง อร่อย ที่สุด

文字：特殊な記号と略称
文法：比較級と最上級、「もっと」、大学名

1. 新出文字・特殊な記号と略称

低子音　ฌ chɔɔ kachəə　ฑ thɔɔ monthoo　ฬ lɔɔ culaa

タイ語には母音記号と声調記号以外にも特殊な記号や読み方があります。

❶ 繰り返し記号

ๆ（ไม้ ยมก máy yamók）は直前の単語を繰り返す際に用います。名詞の場合は複数存在することを、形容詞や動詞の場合は強調を意味します。

เพื่อน ๆ　phŵan phŵan　สวย ๆ　sǔay sǔay

❷ 省略記号

ฯ（ไปยาลน้อย pay yaan nóoy）は以下省略していることを、ฯลฯ

（ไปยาลใหญ่ pay yaan yày）は羅列されているものを以下省略するという意味です。前者は発音しませんが、後者はlɛ́ʔ ʔɯ̀ɯn ʔɯ̀ɯnと読みます。

กรุงเทพฯ　kruŋthêep
（กรุงเทพมหานคร　kruŋthêep mahǎanakhɔɔn）
มะม่วง มะละกอ ฯลฯ　mamûaŋ malakɔɔ lɛ́ʔ ʔɯ̀ɯn ʔɯ̀ɯn

❸ 黙字記号

การันต์（kaaran）は発音しない子音を表します。この記号は借用語に使用され、言語の綴りに忠実に表記するものの、タイ語では発音しない箇所に付けられます。場合によっては黙示記号の1つ手前の子音を含めて2文字発音しないこともあります。

เบียร์　bia　　จันทร์　can

❹ 読まない母音記号

見かけ上は2音節なのですが、2音節目に付いている母音記号を発音せず、子音を末子音として1音節で発音する単語が若干存在します。対象となる母音記号は短母音のiとuのみです。

ชาติ　châat　　ธาตุ　thâat

❺ 略称

長い名称の略称は英語のように子音の頭文字を並べて略称を作り

ます。その場合は．を打ちますが、子音ごとに打つ場合と、最後のみ打つ場合があります。どちらにしても発音する際には母音のɔɔを付けます。

กทม.　kɔɔ thɔɔ mɔɔ（กรุงเทพมหานคร）
พ.ศ.　phɔɔ sɔ̌ɔ（พุทธศักราช）

2. 単語

กว่า	kwàa	～より	ที่สุด	thîisùt	一番
ชาติ	châat	民族、国民	เบียร์	bia	ビール
ประวัติ	prawàt	歴史	อีก	ʔìik	もっと
จันทร์	can	月、月曜	รถเมล์	rótmee	バス
นักศึกษา	náksʉ̀ksǎa	学生	ฌาปนกิจ	chaapànákìt	火葬

พิพิธภัณฑ์	phíphít-thaphan	博物館
ไปรษณีย์	praysanii	郵便局
มหาวิทยาลัย	mahaǎwít-thayaalay	大学
จุฬาลงกรณ์	culaaloŋkɔɔn	チュラーロンコーン
มหาธาตุ	mahǎathâat	マハータート（仏舎利塔）
กรุงเทพฯ (กทม.)	kruŋthêep (kɔɔ thɔɔ mɔɔ)	バンコク
พุทธศักราช (พ.ศ.)	phútthasàk-karàat (phɔɔ sɔ̌ɔ)	仏暦
กิโลเมตร (ก.ม.)	kilooméet (kɔɔ mɔɔ)	キロメートル

ประวัติの最後の音節は、本来なら高声となるところを例外的にwàtと低声にしています。火葬のปนにそれぞれ母音のaを入れてpànáと発音するのは例外です。仏暦の最後の音節はกを再読してお

り、**กร**を二重子音（本来は真性二重子音になるがこの場合は疑似二重子音の発音）とみなしているので声調は低声となっています。また、最後のキロメートルは規則通りに発音すると最後の音節は下声になりますが、外来語なので例外的に高声で発音します。

3. 用例

❶ 比較級と最上級

กว่าと**ที่สุด**を使うと比較級と最上級の文章を作ることができます。どちらも形容詞の後に置きます。

พี่ ชาย มี เงิน มาก กว่า พี่ สาว

兄は姉よりもお金を多く持っています。

พี่ ชาย มี เงิน มาก ที่สุด

兄が最も多くお金を持っています。

「どちらがより〜ですか」という疑問文を作るときは、以下のようにします。

มะละกอ กับ มะม่วง อะไร อร่อย กว่า กัน

パパイヤとマンゴーはどちらがおいしいですか？

มะละกอ อร่อย กว่า

パパイヤのほうがおいしいです。

❷ อีกの使い方

อีกは「もっと」という意味です。名詞の前後に置きます。

เอา ข้าว อีก ไหม

もっとご飯が要りますか？

อีก สอง วัน จะ ไป โรงเรียน ได้

あと2日で学校に行くことができます。

❸ 大学生と生徒

นักศึกษาの**นัก**は人、**ศึกษา**は勉強するという意味で、併せて大学生となります。**เรียน**も勉強するという意味ですが、**ศึกษา**のほうが堅い言い方です。小学生から高校生までの児童・生徒は**นักเรียน**となります。なお、チュラーロンコーン大学など一部の大学では**นักศึกษา**ではなく**นิสิต**（nísìt）と呼びます。

พี่ ชาย เป็น นักศึกษา หรือ เปล่า

お兄さんは大学生ですか？

ชูใจ เป็น นักเรียน

チューチャイは生徒です。

❹ 大学の名前

タイ語は後ろから前に掛かりますから、固有名詞は基本的に後ろに付きます。このため、大学名も通常は固有名詞が後ろに付きますが、例外的にタイで最も古いチュラーロンコーン大学のみ固有名詞から始めます。

มหาวิทยาลัย โตเกียว　　　東京大学

จุฬาลงกรณ์ มหาวิทยาลัย　チュラーロンコーン大学

なお、**มหาวิทยาลัย**という語は長いので、口語ではよく**มหาลัย**と短縮して呼びます。チュラーロンコーン大学も口語では単に**จุฬาฯ**となります。

4. 例文

มานี ชอบ เรียน ภาษา อังกฤษ มาก กว่า ภาษา ไทย

maanii chɔ̂ɔp rian phaasǎa aŋkrìt mâak kwàa phaasǎa thay

マーニーはタイ語よりも英語の勉強のほうが好きです。

พ่อ จะ ไป งาน ฌาปนกิจ ใน วัน จันทร์ นี้

phɔ̂ɔ caʔ pay ŋaan chaapànákìt nay wan can níi

今度の月曜日にお父さんは葬儀に行くつもりです。

เดชา บอก ว่า ไก่ ย่าง อร่อย ที่สุด

deechaa bɔ̀ɔk wâa kày yâaŋ ʔarɔ̀y thîisùt

デーチャーは焼鳥が一番おいしいと言いました。

จะ กิน เบียร์ อีก ไหม

càʔ kin bia ʔìik mǎy

もっとビールを飲みますか？

พี่ สาว ทำงาน อยู่ ที่ ไปรษณีย์

phîi sǎaw tham ŋaan yùu thîi praysanii

お姉さんは郵便局で働いています。

นักศึกษา ไป เรียน ประวัติ ชาติ ไทย ที่ พิพิธภัณฑ์

náksɯ̀ksǎa pay rian prawàt châat thay thîi phíphít-thaphan

大学生が博物館へタイ族の歴史を学びに行きます。

อีก สาม เดือน ปิติ จะ ไป เที่ยว นครศรีธรรมราช

ʔìik sǎam dɯan pitìʔ càʔ pay thîaw nákhɔɔn sǐitham-marâat

あと3ヵ月でピティはナコーンシータムマラートに遊びに行くつもりです。

สุดา เข้า จุฬาลงกรณ์ มหาวิทยาลัย ไม่ ได้

sùdaa khâw culaaloŋkɔɔn mahaǎwít-thayaalay mây dâay

スダーはチュラーロンコーン大学に入ることができませんでした。

วัด มหาธาตุ ใน กรุงเทพฯ อยู่ ที่ ไหน

wát mahǎathâat nay kruŋthêep yùu thîi nǎy

バンコクのマハータート寺院はどこにありますか？

ปี นี้ ปี พ.ศ. สอง พัน ห้า ร้อย หก สิบ เอ็ด

pii níi pii phɔɔ sɔ̌ɔ sɔ̌ɔŋ phan hâa rɔ́ɔy hòk sìp ʔèt

今年は仏暦2561年です。

5. 練習

❶ 次のタイ語を読んでみましょう。

1　กรุงเทพฯ กับ อยุธยา คุณ ชอบ ที่ ไหน มาก กว่า กัน

2　ผม ชอบ อยุธยา มาก กว่า เพราะ มี วัด เก่า เยอะแยะ

3 ฉัน ชอบ กรุงเทพฯ มาก กว่า เพราะ มี พิพิธภัณฑ์ ที่ ดี

4 ใช่ พิพิธภัณฑ์ ใน กรุงเทพฯ ดี ที่สุด

5 ใคร ที่ อยาก เรียน ประวัติ ชาติ ไทย ก็ ต้อง ไป

6 แต่ ผม คิด ว่า วัด มหาธาตุ ที่ อยุธยา ก็ ควร ไป ดู

7 วัด นี้ ได้ สร้าง ขึ้น เมื่อไร

8 คง จะ สร้าง เสร็จ ใน ปี พัน เก้า ร้อย สิบ เจ็ด

9 เก่า มาก อยาก เรียน ประวัติ อยุธยา อีก

10 ถ้า เข้า มหาวิทยาลัย ก็ คง จะ เรียน ได้ อีก

❷ 次の発音記号をタイ文字に直しましょう。

1 phrûŋníi lûuk sǎaw càʔ khʉ̂n rótmee pay praysanii

2 maanii rian prawàt thîi culaaloŋkɔɔn mahaǎwít-thayaalay

3 pèt yâaŋ kàp plaa phǎw ʔaray ʔarɔ̀y kwàa kan

4 kotmǎay níi ʔɔ̀ɔk mʉ̂a pii phɔɔ sɔ̌ɔ sɔ̌ɔŋ phan sìi rɔ́ɔy yîi sìp ʔèt

5 chûay phaa pay phíphít-thaphan thîi ʔayút-thayaa nɔ̀y

6 wát mahǎathâat thîi nákhɔɔn sǐitham-marâat sǔay thîisùt

7 praysanii yùu nâa sathǎanii rótfay chây mǎy

8 mʉ̂a khʉʉn níi phɔ̂ɔ pay kin bia kàp khray

9 châat thay dây phát-thanaa prathêet maa naan

10 wan can níi càʔ mii ŋaan chaapànákìt khɔ̌ɔŋ ʔaa

❸ 次の文章をタイ語に直しましょう。

1 チューチャイは郵便局の前で長い間お父さんを待ちました。

2 マーニーはもっとご飯を食べますか？

3 おじさんは昨日ビールを飲んだので会社に遅刻しました。

4 ピティは博物館でタイ民族の歴史を学びたいです。

5 お姉さんは、この服が一番きれいです、と言いました。

6 チュラーロンコーン大学に入るのは難しいですか？

7 この犬は虎よりも獰猛です。

8 マーニーはナコーンシータムマラートのマハータート寺院に
　　行ったことがあります。

9 あと3日でお兄さんが帰ってきます。

10 明日お父さんはバンコクでの葬儀に行くつもりです。

コラム⑮　　曜日の名前

　月の名前と同様に、曜日の名前も覚える必要があります。以下、月曜から日曜まで並べます。

月曜	จันทร์	can
火曜	อังคาร	aŋkhaan
水曜	พุธ	phút
木曜	พฤหัสบดี	phrɯ́hàt-sabɔɔdii
金曜	ศุกร์	sùk
土曜	เสาร์	sǎw
日曜	อาทิตย์	ʔaathít

　これらの名前は、日本語と同じく月や火星など天体名を用いています。なお、日曜を意味する **อาทิตย์** には「週」という意味もあります。このため、**อาทิตย์** を単独で用いると週の意味となるので、日曜日を意味するためには **วัน　อาทิตย์** と言う必要があります。なお、週にはもう1つ **สัปดาห์** (sàpdaa) という文語もあり、こちらを使えば日曜との混同は避けられます。

　タイ語で曜日を尋ねる際には、以下のような聞き方になります。日にちを尋ねる場合とは言い方が異なりますので気を付けてください。

วัน นี้ วัน อะไร	今日は何曜日ですか？
วัน นี้ วัน เสาร์	今日は土曜日です。
วัน นี้ วัน ที่ เท่าไร	今日は何日ですか？
วัน นี้ วัน ที่ ยี่ สิบ เอ็ด	今日は21日です。

　タイでは誕生日の曜日が極めて重要で、タイ人は皆自分の生まれた曜日を知っています。

　生まれた曜日は名前にも影響し、曜日ごとにふさわしい名前や避けるべき文字が決まっています。また、曜日ごとに色が決まっており、自分の生まれた曜日の色をラッキーカラーと考えている人が多いです。故プーミポン国王に敬意を表する国民が黄色のシャツを着ていたのは、黄色が国王の誕生日である月曜日の色だったためなのです。

タイ文字の読み方と書き方　規則一覧

1. 頭子音の発音

発音	中子音	高子音	低子音
k	ก		
kh		ข	ค ฆ
ŋ			ง
c	จ		
ch		ฉ	ช ฌ
s		ส ศ ษ	ซ
d	ด ฎ		
t	ต ฏ		
th		ถ ฐ	ท ธ ฒ ฑ
b	บ		
p	ป		
ph		ผ	พ ภ
f		ฝ	ฟ
n			น ณ
m			ม
y			ย ญ
r			ร
l			ล ฬ
w			ว
h		ห	ฮ
ʔ	อ		

2. 母音記号

発音	長母音		短母音	
	末子音なし	末子音あり	末子音なし	末子音あり
a	□า	□าน	□ะ	□ัน
i	□ี	□ีน	□ิ	□ิน
u	□ู	□ูน	□ุ	□ุน
ɯ	□ือ	□ืน	□ึ	□ึน
e	เ□	เ□น	เ□ะ	เ□็น
ɛ	แ□	แ□น	แ□ะ	แ□็น
o	โ□	โ□น	โ□ะ	□น
ɔ	□อ	□อน	เ□าะ	□็อน
ə	เ□อ	เ□ิน เ□ย	เ□อะ	
ia	เ□ีย	เ□ียน		
ɯa	เ□ือ	เ□ือน		
ua	□ัว	□วน		
ay	ไ□ ใ□			
am	□ำ			
aw	เ□า			

3. 声調記号と声調変化

	平声	低声	下声	高声	上声
中子音	กา	ก่า	ก้า	ก๊า	ก๋า
高子音		ข่า	ข้า		ขา
低子音	คา		ค่า	ค้า	

4. 末子音の発音

	発音	中子音	高子音	低子音
平音節	n			น ณ ญ ร ล ฬ
	m			ม
	ŋ			ง
	y			ย
	w			ว
促音節	k	ก	ข	ค ฆ
	t	ด ต ฎ ฏ จ	ถ ฐ ส ศ ษ	ท ธ ฒ ฑ ช ซ
	p	บ ป	ผ ฝ	พ ภ ฟ
	ʔ			

5. 平音節と促音節

	末子音なし（綴り上）	末子音あり
平音節	長母音	n m ŋ y w
促音節	短母音	k t p

6. 促音節の声調変化

	中子音	高子音	低子音
長母音	低声	低声	下声
	＼	＼	∧
短母音	低声	低声	高声
	＼	＼	／

7. 真性二重子音の組み合わせ

		一番目の子音		
		k, kh	p, ph	t
二番目の子音	w	○	○	○
	r	○	○	
	l	○		

8. 低子音の対応字と単独字

対応字		単独字	
頭子音の発音	子音	頭子音の発音	子音
kh	ค ฆ	ŋ	ง
ch	ช ฌ	n	น ณ
s	ซ	m	ม
th	ท ธ ฒ ฑ	y	ย ญ
ph	พ ภ	r	ร
f	ฟ	l	ล ฬ
h	ฮ	w	ว

単語一覧

【タイ語－日本語】

ก

ก็	kɔ̂ɔ	～も、それで
กฎหมาย	kòtmǎay	法律
กรุงเทพฯ (กทม.)	kruŋthêep (kɔɔ thɔɔ mɔɔ)	バンコク
กลับ	klàp	帰る
กลัว	klua	怖がる
ก๋วยเตี๋ยว	kǔaytǐaw	米麺（クイティオ）
กว่า	kwàa	～より
ก่อน	kɔ̀ɔn	先に
กะทิ	kathíʔ	ココナツミルク
กัน	kan	互いに、一緒に
กับ	kàp	～と
กา	kaa	カラス、やかん
การ	kaan	事
กำ	kam	握る
กิโลเมตร (ก.ม.)	kilooméet (kɔɔ mɔɔ)	キロメートル
กิน	kin	食べる
กี่	kìi	いくつ
กุ้ง	kûŋ	エビ
กู	kuu	俺
เก่ง	kèŋ	上手な
เกลือ	klɯa	塩
เก่า	kàw	古い
เก้า	kâaw	9（数字）

เก้าอี้	kâwʔîi	椅子
เกาะ	kɔ̀ʔ	島
แก	kɛɛ	あいつ、お前
แกง	kɛɛŋ	カレー、スープ
แก้ว	kɛ̂ɛw	コップ
แกะ	kɛ̀ʔ	羊
ไก่	kày	鶏
ไกล	klay	遠い

ข

ขนม	khanǒm	菓子
ขวบ	khùap	歳
ขวา	khwǎa	右
ขอ	khɔ̌ɔ	乞う
ขอโทษ	khɔ̌ɔthôot	ごめんなさい
ของ	khɔ̌ŋ	～の、もの
ขอบคุณ	khɔ̀ɔp khun	ありがとう
ขา	khǎa	脚
ขาย	khǎay	売る
ขาว	khǎaw	白い
ข้าว	khâaw	米、ごはん、稲
ขึ้น	khɯ̂n	上る、乗る
ขู่	khùu	脅す
เขา	khǎw	彼（女）、山
เข้า	khâw	入る
เขียว	khǐaw	緑の
แข็ง	khɛ̌ŋ	固い
ไข่	khày	卵

ค

คง	khoŋ	たぶん
คน	khon	人
ครับ	khráp	丁寧形（男）
ครัว	khrua	台所
ครู	khruu	先生
ควร	khuan	～すべき
ความ	khwaam	事
คอ	khɔɔ	首
ค่อย	khɔ̂y	あまり、少しずつ
ค่ะ	khâʔ	丁寧形（女）
ค่า	khâa	値段、～代
คิด	khít	思う
คืน	khɯɯn	夜、返す
คุณ	khun	あなた、～さん
คุณภาพ	khun-naphâap	品質
เคย	khəəy	～したことがある
ใคร	khray	誰

ฆ

โฆษณา	khôot-sanaa	広告

ง

งาน	ŋaan	仕事、儀式
ง่าย	ŋâay	簡単な
งู	ŋuu	蛇
เงาะ	ŋɔ́ʔ	ランブータン

เงิน	ŋən	金（銭）、銀

จ

จระเข้	cɔɔ-rakhêe	ワニ
จริง	ciŋ	本当の
จะ	càʔ	～するつもり
จันทร์	can	月、月曜
จาก	càak	～から
จาน	caan	皿
จุ	cùʔ	詰める
จุฬาลงกรณ์	culaaloŋkɔɔn	チュラーロンコーン
เจ็ด	cèt	7（数字）
เจอ	cəə	会う、見つける
แจ้ง	cɛ̂ŋ	伝える

ฉ

ฉัน	chǎn	私
แฉ	chɛ̌ɛ	シンバル

ช

ช่วย	chûay	助ける
ช้อน	chɔ́ɔn	スプーン
ชอบ	chɔ̂ɔp	好む
ชั่วโมง	chûamooŋ	～時間
ชาติ	châat	民族、国民
ชาม	chaam	茶碗
ชาย	chaay	男
ชื่อ	chɯ̂ɯ	名前

ชูใจ	chuucay	チューチャイ（女性名）
เช้า	cháaw	朝、午前
ใช่	chây	はい
ใช้	cháy	使う

ซ

ซ้าย	sáay	左
ซื้อ	sɯ́ɯ	買う
เซ	see	よろける

ฌ

ฌาปนกิจ	chaapànákìt	火葬

ญ

ญี่ปุ่น	yîipùn	日本

ด

ด้วย	dûay	一緒に、～で
ดำ	dam	黒い
ดิฉัน	dichǎn	私
ดี	dii	良い
ดีใจ	diicay	うれしい
ดึก	dɯ̀k	深夜の
ดุ	dùʔ	獰猛な
ดู	duu	見る
ดูแล	duulɛɛ	面倒を見る
ดื่ม	dɯ̀ɯm	飲む
เดชา	deechaa	デーチャー（男性名）

เดิน	dəən	歩く
เดือน	dɯan	月（○月）
แดง	dɛɛŋ	赤い
ได้	dây	得る、～できる

ต

ต้ม	tôm	煮る
ตรง	troŋ	まっすぐ
ตลาด	talàat	市場
ต้อง	tôŋ	～しなければならない
ตอน	tɔɔn	部分、頃
ตอบ	tɔ̀ɔp	答える
ต่อสู้	tɔ̂ɔsûu	闘う
ตั้งแต่	tâŋtɛ̀ɛ	～から
ตัว	tua	体、～頭・匹・着
ตั๋ว	tǔa	切符
ตา	taa	おじいさん（母の父）、目
ตี	tii	叩く
ตื่น	tɯ̀ɯn	目覚める
เตะ	tèʔ	蹴る
เต่า	tàw	亀
เตี้ย	tîa	低い
แต่	tɛ̀ɛ	しかし
โต	too	大きい
โต๊ะ	tóʔ	机

ถ

ถนน	thanǒn	道路

ถ้วย	thûay	カップ、碗
ถั่ว	thùa	豆
ถ้า	thâa	もし
ถาม	thǎam	尋ねる
ถ้ำ	thâm	洞窟
ถึง	thʉ̌ŋ	～まで、着く
ถือ	thʉ̌ʉ	手に持つ
ถู	thǔu	磨く、擦る
เถอะ	thə̀ʔ	～しよう

ท

ทราบ	sâap	知る
ทะเลาะ	thalɔ́ʔ	口論する
ทา	thaa	塗る
ทาน	thaan	食べる
ทำ	tham	作る、する
ทำไม	thammay	なぜ
ที่	thîi	～で、～に
ที่นี่	thîinîi	ここ
ที่สุด	thîisùt	一番
ทุเรียน	thúrian	ドリアン
ทุก	thúk	すべて
ทุ่ม	thûm	夜～時
เท	thee	注ぐ
เทา	thaw	灰色
เท่าไร	thâwray	いくら
เที่ยง	thîaŋ	正午
เที่ยว	thîaw	遊ぶ

ไทย	thay	タイ

ธ

ธรรมดา	tham-madaa	普通

น

นครศรีธรรมราช	nákhɔɔn sǐitham-marâat	ナコーンシータムマラート
น้อง	nɔ́ɔŋ	弟妹
นอน	nɔɔn	寝る
น้อย	nɔ́ɔy	少ない
นักศึกษา	náksɯ̀ksǎa	学生
นั่ง	nâŋ	座る、乗る
นั่น	nân	それ
นั้น	nán	その
นา	naa	田んぼ
น่า	nâa	〜すべき
นาที	naathii	分
นาน	naan	長い（時間）
น้ำ	náam	水
น้ำแข็ง	námkhěŋ	氷
นิดหน่อย	nítnɔ̀y	少し
นี่	nîi	これ
นี้	níi	この
เน้น	nén	強調する
เนื้อ	nɯ́a	肉
โน่น	nôon	あれ
ใน	nay	〜の中に、の

บ

บริษัท	bɔɔ-risàt	会社
บอก	bɔ̀ɔk	言う
บัว	bua	蓮
บาท	bàat	バーツ
บ้าน	bâan	家
บ่าย	bàay	午後
เบียร์	bia	ビール
เบื่อ	bɯ̀a	飽きる
แบ	bɛɛ	（掌を）開く
โบ	boo	リボン
ใบ	bay	葉

ป

ประเทศ	prathêet	国
ประวัติ	prawàt	歴史
ปรากฏ	praakòt	現れる
ปลา	plaa	魚
ปา	paa	投げる
ป่า	pàa	森、野生の
ป้า	pâa	おばさん
ปิด	pìt	閉じる、消す
ปิติ	pitìʔ	ピティ（男性名）
ปี	pii	年、歳
ปู	puu	蟹、敷く
ปู่	pùu	おじいさん（父の父）
เป็ด	pèt	アヒル

เป็น	pen	～である
เปล่า	plàw	いいえ、空の
เปิด	pə̀ət	開く、つける
แปด	pɛ̀ɛt	8（数字）
ไป	pay	行く
ไปรษณีย์	praysanii	郵便局

ผ

ผม	phǒm	僕
ผลไม้	phǒn-lamáay	果物
ผัว	phǔa	夫
ผ้า	phâa	布
เผ็ด	phèt	辛い
เผา	phǎw	焼く

ฝ

ฝรั่ง	faràŋ	グアバ、西洋人
ฝา	fǎa	ふた
ฝีมือ	fǐimɯɯ	腕前

พ

พญาไท	phayaathay	パヤータイ
พรุ่งนี้	phrûŋníi	明日
พฤศจิกายน	phrɯ́t-sacikaayon	11月
พฤษภาคม	phrɯ́t-saphaakhom	5月
พฤหัสบดี	phrɯ́hat-sabɔɔdii	木曜
พอ	phɔɔ	十分な
พ่อ	phɔ̂ɔ	お父さん

พอใจ	phɔɔcay	満足な
พัฒนา	phát-thanaa	開発する、発展する
พัทยา	phát-thayaa	パッタヤー
พัน	phan	1000（数字）
พา	phaa	連れる
พิพิธภัณฑ์	phíphít-thaphan	博物館
พี่	phîi	兄姉
พุทธศักราช (พ.ศ.)	phútthasak-karàat (phɔɔ sɔ̌ɔ)	仏暦
พูด	phûut	話す
เพราะ	phrɔ́?	なぜなら
เพิ่ง	phə̂ŋ	～したばかり
เพื่อ	phɯ̂a	～のために
เพื่อน	phɯ̂an	友達
แพ้	phɛ́ɛ	負ける
แพะ	phɛ́ʔ	ヤギ

ฟ

ไฟ	fay	火、明かり

ภ

ภรรยา	phan-rayaa	妻
ภาษา	phaasǎa	言語

ม

มหาธาตุ	mahǎathâat	マハータート（仏舎利塔）
มหาวิทยาลัย	mahaǎwít-thayaalay	大学
มะเขือ	makhɯ̌a	なす
มะม่วง	mamûaŋ	マンゴー

มะระ	maráʔ	苦瓜（ゴーヤ）
มะละกอ	malakɔɔ	パパイヤ
มา	maa	来る
มาก	mâak	たくさん、とても
มานี	maanii	マーニー（女性名）
มี	mii	持っている、いる、ある
มือ	mɯɯ	手、掌
เมีย	mia	妻
เมื่อ	mɯ̂a	～したとき
เมื่อไร	mɯ̂aray	いつ
เมือง	mɯaŋ	町、国
เมื่อวานนี้	mɯ̂waanníi	昨日
แม่	mɛ̂ɛ	お母さん
แม่น้ำ	mɛ̂ɛnáam	川
โมง	mooŋ	時
ไม่	mây	～でない
ไม่เป็นไร	mâypenray	どういたしまして

ย

ยัง	yaŋ	まだ
ยา	yaa	薬
ย่า	yâa	おばあさん（父の母）
ยาก	yâak	難しい
ย่าง	yâaŋ	あぶり焼く
ยาย	yaay	おばあさん（母の母）
ยำ	yam	ヤム
ยินดี	yindii	喜ぶ
ยี่	yîi	2○（十の位）

เย็น	yen	夕方、冷たい
เยอะแยะ	yə̂ʔyɛ́ʔ	たくさん

ร

รถ	rót	車
รถเมล์	rótmee	バス
รถไฟ	rótfay	列車
รถไฟใต้ดิน	rótfay-tâaydin	地下鉄
รถไฟฟ้า	rótfayfáa	電車
รอ	rɔɔ	待つ
ร้อน	rɔ́ɔn	暑い、熱い
ร้อย	rɔ́ɔy	100（数字）
รัก	rák	愛する
รักษา	ráksǎa	維持する
รัฐบาล	rát-thabaan	政府
ร้าน	ráan	店
รำ	ram	踊り、踊る
รีบ	rîip	急いで～する
รู	ruu	穴
รู้จัก	rúucàk	知る
เรา	raw	私たち
เรียก	rîak	呼ぶ
เรียน	rian	学ぶ
โรงเรียน	rooŋrian	学校

ล

ลง	loŋ	下る、降りる
ลา	laa	去る、ロバ

ลูก	lûuk	子
เลีย	lia	なめる
เลี้ยว	líaw	曲がる
แล้ว	lɛ́ɛw	〜した
และ	lɛ́ʔ	〜と

ว

วัด	wát	寺
วัน	wan	日
วัว	wua	牛
ว่า	wâa	〜と
วินาที	wínaathii	秒
เวลา	weelaa	時間
แว่น	wɛ̂n	眼鏡
ไว	way	早い

ศ

ศัตรู	sàt-truu	敵
ศาลา	săalaa	あずまや

ส

สงบ	saŋòp	静かな
สถานทูต	sathăanthûut	大使館
สถานี	sathăanii	駅、署
สนิทสนม	sanìtsanŏm	親しい
สนุก	sanùk	楽しい
สบาย	sabaay	元気な、気楽な
สยาม	sayăam	シャム

สร้าง	sâaŋ	建設する
สวน	sŭan	庭、果樹園
สวนสนุก	sŭansanùk	遊園地
สวย	sŭay	美しい
สวัสดี	sawàtdii	こんにちは
สอง	sɔ̌ɔŋ	2（数字）
สาเก	săakee	日本酒
สาโท	săathoo	どぶろく
สาม	săam	3（数字）
สามี	săamii	夫
สามารถ	săamâat	～できる
สาย	săay	遅い、線
สาว	săaw	女
สิบ	sìp	10（数字）
สี	sĭi	色、塗料
สี่	sìi	4（数字）
สุข	sùk	幸せな
สุขภาพ	sùk-khaphâap	健康
สุขุมวิท	sukhŭmwít	スクムウィット
สุดา	sùdaa	スダー（女性名）
เสร็จ	sèt	終わる
เสา	săw	柱
เสือ	sɯ̌a	虎
เสื่อ	sɯ̀a	ござ
เสื้อ	sɯ̂a	服
ใส่	sày	入れる、着る

ห

หก	hòk	6（数字）
หน่อย	nɔ̀y	ちょっと
หน้า	nâa	顔、前に
หนาว	nǎaw	寒い
หนึ่ง	nɯ̀ŋ	1（数字）
หมด	mòt	なくなる
หมอ	mɔ̌ɔ	医者
หมา	mǎa	犬
หมู	mǔu	豚
หรือ	rɯ̌ɯ	～ですか
หลับ	làp	眠る
หลาย	lǎay	たくさんの
หวาน	wǎan	甘い
หอย	hɔ̌y	貝
หัว	hǔa	頭
หัวเราะ	hǔarɔ́ʔ	笑う
หา	hǎa	探す、訪ねる
ห้า	hâa	5（数字）
เห็น	hěn	見える
เหลือง	lɯ̌aŋ	黄色い
เหา	hǎw	シラミ
เห่า	hàw	吠える
ให้	hây	与える、～させる
ใหม่	mày	新しい
ไห	hǎy	甕
ไหน	nǎy	どこ

ไหม	mǎy	～ですか

อ

อย่า	yàa	～するな
อยาก	yàak	～したい
อย่าง	yàaŋ	～のように
อยุธยา	ʔayút-thayaa	アユッタヤー
อยู่	yùu	いる、ある
อร่อย	ʔarɔ̀y	おいしい
ออก	ʔɔ̀ɔk	出る
อะไร	ʔaray	何
อังกฤษ	ʔaŋkrìt	イギリス
อา	ʔaa	おじさん
อาจ	ʔàat	～かもしれない
อาบ	ʔàap	浴びる
อายุ	ʔaayúʔ	年齢
อาหาร	ʔaahǎan	料理
อีก	ʔìik	もっと
เอ็ด	ʔèt	○1（数字）
เอา	ʔaw	要る、持って（行く）

ฮ

เฮฮา	heehaa	騒がしい

【日本語－タイ語】

あ行

愛する	รัก	rák
あいつ	แก	kɛɛ
会う	เจอ	cəə
赤い	แดง	dɛɛŋ
明かり	ไฟ	fay
飽きる	เบื่อ	bɯ̀a
朝	เช้า	cháaw
脚	ขา	khǎa
明日	พรุ่งนี้	phrûŋníi
あずま屋	ศาลา	sǎalaa
遊ぶ	เที่ยว	thîaw
与える	ให้	hây
頭	หัว	hǔa
新しい	ใหม่	mày
暑い、熱い	ร้อน	rɔ́ɔn
穴	รู	ruu
あなた	คุณ	khun
兄姉	พี่	phîi
アヒル	เป็ด	pèt
浴びる	อาบ	ʔàap
あぶり焼く	ย่าง	yâaŋ
甘い	หวาน	wǎan
あまり（～ない）	ค่อย	khɔ̂y
アユッタヤー	อยุธยา	ʔayút-thayaa
現れる	ปรากฏ	praakòt

ありがとう	ขอบคุณ	khɔ̀ɔp khun
ある	มี, อยู่	mii, yùu
歩く	เดิน	dəən
あれ	โน่น	nôon
いいえ	เปล่า	plàw
言う	บอก	bɔ̀ɔk
家	บ้าน	bâan
イギリス	อังกฤษ	ʔaŋkrìt
行く	ไป	pay
いくつ	กี่	kìi
いくら	เท่าไร	thâwray
維持する	รักษา	ráksǎa
医者	หมอ	mɔ̌ɔ
椅子	เก้าอี้	kâwʔîi
急いで〜する	รีบ	rîip
1（数字）	หนึ่ง	nɯ̀ŋ
○1（数字）	เอ็ด	ʔèt
市場	ตลาด	talàat
一番（最上級）	ที่สุด	thîisùt
一緒に	กัน, ด้วย	kan, dûay
いつ	เมื่อไร	mɯ̂aray
犬	หมา	mǎa
稲	ข้าว	khâaw
いる	มี, อยู่	mii, yùu
要る	เอา	ʔaw
入れる	ใส่	sày
色	สี	sǐi
牛	วัว	wua

美しい	สวย	sǔay
腕前	ฝีมือ	fǐimɯɯ
売る	ขาย	khǎay
うれしい	ดีใจ	diicay
駅	สถานี	sathǎanii
エビ	กุ้ง	kûŋ
得る	ได้	dây
おいしい	อร่อย	ʔarɔ̀y
大きい	โต	too
お母さん	แม่	mɛ̂ɛ
おじいさん（父の父）	ปู่	pùu
おじいさん（母の父）	ตา	taa
おじさん	อา	ʔaa
遅い	สาย	sǎay
夫	ผัว, สามี	phǔa, sǎamii
お父さん	พ่อ	phɔ̂ɔ
男	ชาย	chaay
脅す	ขู่	khùu
踊り、踊る	รำ	ram
おばあさん（父の母）	ย่า	yâa
おばあさん（母の母）	ยาย	yaay
おばさん	ป้า	pâa
お前	แก	kɛɛ
思う	คิด	khít
降りる	ลง	loŋ
俺	กู	kuu
終わる	เสร็จ	sèt
女	สาว	sǎaw

か行

貝	หอย	hɔ̌y
会社	บริษัท	bɔɔ-risàt
開発する	พัฒนา	phát-thanaa
買う	ซื้อ	sɯ́ɯ
返す	คืน	khɯɯn
帰る	กลับ	klàp
顔	หน้า	nâa
学生	นักศึกษา	náksɯ̀ksǎa
菓子	ขนม	khanǒm
果樹園	สวน	sǔan
火葬	ฌาปนกิจ	chaapànákìt
固い	แข็ง	khɛ̌ŋ
学校	โรงเรียน	rooŋrian
カップ、碗	ถ้วย	thûay
蟹	ปู	puu
彼女	เขา	khǎw
金（銭）	เงิน	ŋən
甕	ไห	hǎy
亀	เต่า	tàw
～かもしれない	อาจ	ʔàat
～から	จาก, ตั้งแต่	càak, tâŋtɛ̀ɛ
空の	เปล่า	plàw
辛い	เผ็ด	phèt
カラス	กา	kaa
体	ตัว	tua
彼	เขา	khǎw

カレー	แกง	kɛɛŋ
川	แม่น้ำ	mɛ̂ɛnáam
簡単な	ง่าย	ŋâay
黄色い	เหลือง	lɯ̌aŋ
儀式	งาน	ŋaan
切符	ตั๋ว	tǔa
昨日	เมื่อวานนี้	mɯ̂waanníi
9（数字）	เก้า	kâaw
強調する	เน้น	nén
気楽な	สบาย	sabaay
着る	ใส่	sày
キロメートル	กิโลเมตร (ก.ม.)	kiloométt (kɔɔ mɔɔ)
銀	เงิน	ŋən
グアバ	ฝรั่ง	faràŋ
薬	ยา	yaa
果物	ผลไม้	phǒn-lamáay
下る	ลง	loŋ
国	ประเทศ, เมือง	prathêet, mɯaŋ
首	คอ	khɔɔ
来る	มา	maa
車	รถ	rót
黒い	ดำ	dam
消す	ปิด	pìt
月曜	จันทร์	can
蹴る	เตะ	tè?
元気な	สบาย	sabaay
言語	ภาษา	phaasǎa
健康	สุขภาพ	sùk-khaphâap

建設する	สร้าง	sâaŋ
子	ลูก	lûuk
5（数字）	ห้า	hâa
乞う	ขอ	khɔ̌ɔ
広告	โฆษณา	khôot-sanaa
口論する	ทะเลาะ	thalɔ́ʔ
氷	น้ำแข็ง	námkhɛ̌ŋ
5月	พฤษภาคม	phrɯ́t-saphaakhom
国民	ชาติ	châat
ここ	ที่นี่	thîinîi
午後	บ่าย	bàay
ココナツミルク	กะทิ	kathíʔ
ござ	เสื่อ	sɯ̀a
擦る	ถู	thǔu
午前	เช้า	cháaw
答える	ตอบ	tɔ̀ɔp
コップ	แก้ว	kɛ̂ɛw
事	การ, ความ	kaan, khwaam
この	นี้	níi
好む	ชอบ	chɔ̂ɔp
ごはん	ข้าว	khâaw
米	ข้าว	khâaw
米麺（クイティオ）	ก๋วยเตี๋ยว	kǔaytǐaw
ごめんなさい	ขอโทษ	khɔ̌ɔthôot
これ	นี่	nîi
頃	ตอน	tɔɔn
怖がる	กลัว	klua
こんにちは	สวัสดี	sawàtdii

さ行

探す	หา	hǎa
魚	ปลา	plaa
先に	ก่อน	kɔ̀ɔn
～させる	ให้	hây
寒い	หนาว	nǎaw
皿	จาน	caan
去る	ลา	laa
騒がしい	เฮฮา	heehaa
～さん	คุณ	khun
3（数字）	สาม	sǎam
時	โมง	mooŋ
～時（夜）	ทุ่ม	thûm
幸せな	สุข	sùk
塩	เกลือ	klɯa
しかし	แต่	tɛ̀ɛ
時間	เวลา	weelaa
～時間	ชั่วโมง	chûamooŋ
敷く	ปู	puu
仕事	งาน	ŋaan
静かな	สงบ	saŋòp
～した（完了）	แล้ว	lɛ́ɛw
～したい	อยาก	yàak
～したことがある	เคย	khəəy
親しい	สนิทสนม	sanìtsanǒm
～したとき	เมื่อ	mɯ̂a
～したばかり	เพิ่ง	phə̂ŋ

～しなければならない	ต้อง	tɔ̂ŋ
島	เกาะ	kɔ̀ʔ
弟妹	น้อง	nɔ́ɔŋ
シャム	สยาม	sayǎam
10（数字）	สิบ	sìp
11月	พฤศจิกายน	phrɯ́t-sacikaayon
十分な	พอ	phɔɔ
～署	สถานี	sathǎanii
～しよう	เถอะ	thə̀ʔ
正午	เที่ยง	thîaŋ
上手な	เก่ง	kèŋ
シラミ	เหา	hǎw
知る	ทราบ, รู้จัก	sâap, rúucàk
白い	ขาว	khǎaw
シンバル	แฉ	chɛ̌ɛ
深夜の	ดึก	dɯ̀k
スープ	แกง	kɛɛŋ
少ない	น้อย	nɔ́ɔy
スクムウィット	สุขุมวิท	sukhǔmwít
少し	นิดหน่อย	nítnɔ̀y
少しずつ	ค่อย	khɔ̂y
スダー（女性名）	สุดา	sùdaa
スプーン	ช้อน	chɔ́ɔn
～すべき	ควร, น่า	khuan, nâa
すべて	ทุก	thúk
～する	ทำ	tham
～するつもり	จะ	càʔ
～するな	อย่า	yàa

座る	นั่ง	nâŋ
政府	รัฐบาล	rát-thabaan
西洋人	ฝรั่ง	faràŋ
1000（数字）	พัน	phan
線	สาย	săay
先生	ครู	khruu
注ぐ	เท	thee
その	นั้น	nán
それ	นั่น	nân
それで	ก็	kɔ̂ɔ

た行

タイ	ไทย	thay
～代（価格）	ค่า	khâa
大学	มหาวิทยาลัย	mahaǎwít-thayaalay
大使館	สถานทูต	sathǎanthûut
台所	ครัว	khrua
互いに	กัน	kan
たくさん	มาก, เยอะแยะ	mâak, yə́ʔyɛ́ʔ
たくさんの	หลาย	lǎay
助ける	ช่วย	chûay
尋ねる	ถาม	thǎam
訪ねる	หา	hǎa
闘う	ต่อสู้	tɔ̂ɔsûu
叩く	ตี	tii
楽しい	สนุก	sanùk
たぶん	คง	khoŋ
食べる	กิน, ทาน	kin, thaan

卵	ไข่	khày
誰	ใคร	khray
田んぼ	นา	naa
地下鉄	รถไฟใต้ดิน	rótfay-tâaydin
～着	ตัว	tua
茶碗	ชาม	chaam
チューチャイ（女性名）	ชูใจ	chuucay
チュラーロンコーン	จุฬาลงกรณ์	culaaloŋkɔɔn
ちょっと	หน่อย	nɔ̀y
使う	ใช้	cháy
月	จันทร์	can
月（○月）	เดือน	dɯan
着く	ถึง	thɯ̌ŋ
机	โต๊ะ	tóʔ
作る	ทำ	tham
つける	เปิด	pə̀ət
伝える	แจ้ง	cɛ̂ŋ
妻	เมีย, ภรรยา	mia, phan-rayaa
冷たい	เย็น	yen
詰める	จุ	cùʔ
連れる	พา	phaa
手	มือ	mɯɯ
～で	ที่, ด้วย	thîi, dûay
～である	เป็น	pen
丁寧形（男）	ครับ	khráp
丁寧形（女）	ค่ะ	khâʔ
デーチャー（男性名）	เดชา	deechaa
敵	ศัตรู	sàt-truu

～できる	ได้, สามารถ	dây, sǎamâat
～ですか	ไหม, หรือ	mǎy, rɯ̌ɯ
～でない	ไม่	mây
掌	มือ	mɯɯ
寺	วัด	wát
出る	ออก	ʔɔ̀ɔk
電車	รถไฟฟ้า	rótfayfáa
～と（一緒に）	กับ	kàp
～と～	และ	lɛ́ʔ
～と（言う）	ว่า	wâa
～頭	ตัว	tua
どういたしまして	ไม่เป็นไร	mâypenray
洞窟	ถ้ำ	thâm
獰猛な	ดุ	dùʔ
道路	ถนน	thanǒn
遠い	ไกล	klay
どこ	ไหน	nǎy
歳	ปี, ขวบ	pii, khùap
閉じる	ปิด	pìt
とても	มาก	mâak
どぶろく	สาโท	sǎathoo
友達	เพื่อน	phɯ̂an
虎	เสือ	sɯ̌a
ドリアン	ทุเรียน	thúrian
塗料	สี	sǐi

な行

長い（時間）	นาน	naan

なくなる	หมด	mòt
投げる	ปา	paa
ナコーンシータムマラート	นครศรีธรรมราช	nákhɔɔn sǐitham-marâat
なす	มะเขือ	makhʉ̌a
なぜ	ทำไม	thammay
なぜなら	เพราะ	phrɔ́?
7（数字）	เจ็ด	cèt
何	อะไร	ʔaray
名前	ชื่อ	chʉ̂ʉ
なめる	เลีย	lia
～に	ที่	thîi
2（数字）	สอง	sɔ̌ɔŋ
2〇（数字）	ยี่	yîi
苦瓜（ゴーヤ）	มะระ	maráʔ
握る	กำ	kam
肉	เนื้อ	nʉ́a
日	วัน	wan
日本	ญี่ปุ่น	yîipùn
日本酒	สาเก	sǎakee
煮る	ต้ม	tôm
庭	สวน	sǔan
鶏	ไก่	kày
布	ผ้า	phâa
塗る	ทา	thaa
値段	ค่า	khâa
眠る	หลับ	làp
寝る	นอน	nɔɔn
年	ปี	pii

年齢	อายุ	ʔaayúʔ
〜の	ของ	khɔ̌ŋ
〜のために	เพื่อ	phɯ̂a
〜の中に、の	ใน	nay
上る	ขึ้น	khɯ̂n
飲む	ดื่ม	dɯ̀ɯm
〜のように	อย่าง	yàaŋ
乗る	ขึ้น, นั่ง	khɯ̂n, nâŋ

は行

葉	ใบ	bay
バーツ	บาท	bàat
はい	ใช่	chây
灰色	เทา	thaw
入る	เข้า	khâw
博物館	พิพิธภัณฑ์	phíphít-thaphan
柱	เสา	sǎw
蓮	บัว	bua
バス	รถเมล์	rótmee
8（数字）	แปด	pɛ̀ɛt
パッタヤー	พัทยา	phát-thayaa
発展する	พัฒนา	phát-thanaa
話す	พูด	phûut
パパイヤ	มะละกอ	malakɔɔ
パヤータイ	พญาไท	phayaathay
早い	ไว	way
バンコク	กรุงเทพฯ (กทม.)	kruŋthêep (kɔɔ thɔɔ mɔɔ)
火	ไฟ	fay

ビール	เบียร์	bia
～匹	ตัว	tua
低い	เตี้ย	tîa
左	ซ้าย	sáay
羊	แกะ	kὲʔ
ピティ（男性名）	ปิติ	pitìʔ
人	คน	khon
100（数字）	ร้อย	rɔ́ɔy
秒	วินาที	wínaathii
開く	เปิด	pə̀ət
開く（掌）	แบ	bɛɛ
品質	คุณภาพ	khun-naphâap
服	เสื้อ	sʉ̂a
ふた	ฝา	fǎa
豚	หมู	mǔu
普通	ธรรมดา	tham-madaa
仏暦	พุทธศักราช (พ.ศ.)	phútthasak-karàat (phɔɔ sɔ̌ɔ)
部分	ตอน	tɔɔn
古い	เก่า	kàw
分	นาที	naathii
蛇	งู	ŋuu
法律	กฎหมาย	kòtmǎay
吠える	เห่า	hàw
僕	ผม	phǒm
本当の	จริง	ciŋ

ま行

マーニー（女性名）	มานี	maanii

前に	หน้า	nâa
曲がる	เลี้ยว	líaw
負ける	แพ้	phɛ́ɛ
まだ	ยัง	yaŋ
町	เมือง	mɯaŋ
待つ	รอ	rɔɔ
まっすぐ	ตรง	troŋ
〜まで	ถึง	thɯ̌ŋ
学ぶ	เรียน	rian
マハータート（仏舎利塔）	มหาธาตุ	mahǎathâat
豆	ถั่ว	thùa
マンゴー	มะม่วง	mamûaŋ
満足な	พอใจ	phɔɔcay
見える	เห็น	hěn
磨く	ถู	thǔu
右	ขวา	khwǎa
水	น้ำ	náam
店	ร้าน	ráan
見つける	เจอ	cəə
緑の	เขียว	khǐaw
見る	ดู	duu
民族	ชาติ	châat
難しい	ยาก	yâak
目	ตา	taa
眼鏡	แว่น	wɛ̂n
目覚める	ตื่น	tɯ̀ɯn
面倒を見る	ดูแล	duulɛɛ
〜も	ก็	kɔ̂ɔ

木曜	พฤหัสบดี	phrúhat-sabɔɔdii
もし	ถ้า	thâa
持つ（手に）	ถือ	thɯ̌ɯ
持って（行く）	เอา	ʔaw
持っている（所有）	มี	mii
もっと	อีก	ʔìik
もの	ของ	khɔ̌ŋ
森	ป่า	pàa

や行

やかん	กา	kaa
ヤギ	แพะ	phɛ́ʔ
焼く	เผา	phǎw
野生の	ป่า	pàa
山	เขา	khǎw
ヤム	ยำ	yam
遊園地	สวนสนุก	sǔansanùk
夕方	เย็น	yen
郵便局	ไปรษณีย์	praysanii
良い	ดี	dii
呼ぶ	เรียก	rîak
～より（比較級）	กว่า	kwàa
夜	คืน	khɯɯn
よろける	เซ	see
喜ぶ	ยินดี	yindii
4（数字）	สี่	sìi

ら行

ランブータン	เงาะ	ŋɔ́ʔ
リボン	โบ	boo
料理	อาหาร	ʔaahǎan
歴史	ประวัติ	prawàt
列車	รถไฟ	rótfay
6（数字）	หก	hòk
ロバ	ลา	laa

わ行

私	ดิฉัน, ฉัน	dichǎn, chǎn
私たち	เรา	raw
ワニ	จระเข้	cɔɔ-rakhêe
笑う	หัวเราะ	hǔarɔ́ʔ
碗	ถ้วย	thûay

柿崎一郎(かきざき・いちろう)

横浜市立大学国際総合科学部教授

1971年生まれ。1999年東京外国語大学大学院地域文化研究科博士後期課程修了。横浜市立大学国際文化学部専任講師、同助教授、同国際総合科学部准教授を経て2015年より現職。博士(学術)。

第17回大平正芳記念賞(『タイ経済と鉄道1885〜1935年』)、第2回鉄道史学会住田奨励賞(『鉄道と道路の政治経済学　タイの交通政策と商品流通　1935〜1975年』)、第40回交通図書賞(『都市交通のポリティクス　バンコク1886〜2012年』)、第30回大同生命地域研究奨励賞(「タイを中心とする東南アジアの交通・鉄道に関する社会経済的実証研究」)を受賞。

主要著書:『タイの基礎知識』(めこん、2016年)、『タイ経済と鉄道　1885〜1935年』(日本経済評論社、2000年)、『物語　タイの歴史』(中公新書、2007年)、『鉄道と道路の政治経済学　タイの交通政策と商品流通　1935〜1975年』(京都大学学術出版会、2009年)、『東南アジアを学ぼう　「メコン圏」入門』(2011年、ちくまプリマー新書)、『都市交通のポリティクス　バンコク1886〜2012年』(京都大学学術出版会、2014年)など。

教科書タイ語

初版第1刷発行　2017年5月25日

定価2500円+税

著者	柿崎一郎
装丁	水戸部功
編集・組版	面川ユカ
発行者	桑原晨
発行	株式会社 めこん

〒113-0033 東京都文京区本郷3-7-1
電話 03-3815-1688　FAX 03-3815-1810
URL: http://www.mekong-publishing.com

印刷・製本　太平印刷社

ISBN978-4-8396-0304-5　C1087　¥2500E
01087-1702304-8347

タイの基礎知識

柿崎一郎
定価2000円＋税

一気に読めるタイ概説です。苦労せずにタイについての必要最小限の知識が身に着きます。自然と地理・歴史・タイに住む人々・政治と行政・経済と産業・国際関係・日タイ関係・社会・対立の構図・コラム「タイの10人」という構成。

タイ事典

日本タイ学会編
定価5000円＋税

タイ研究者140名が総力をあげて作りました。執筆項目830──政治・地理・歴史・経済・文化・国際関係などタイに関するあらゆる事項を網羅。概論・統計・資料・文献案内も充実しています。

赤VS黄　第1部　タイのアイデンティティ・クライシス
赤VS黄　第2部　政治に目覚めたタイ

ニック・ノスティック　大野浩訳
各定価2500円＋税(オールカラー)

政治の混迷が続くタイはどこに行こうとしているのか。赤シャツ派（親タックシン）と黄シャツ派（旧体制派）の争闘現場からの決死的ルポ。怒号と狂乱…彼らはなぜ憎しみあうのか。対立の構図を明快に分析します。

バンコクバス物語

水谷光一
定価1800円＋税(オールカラー)

バスに乗る人、降りる人、バスの窓から見える人…。本当のバンコクらしさが味わえるのが市内バスです。700枚という驚きのスナップショットで、街角から街角へご案内。路線データ、バス・データも充実。

タイの染織

スーザン・コンウェイ　酒井豊子・放送大学生活文化研究会訳
定価5700円＋税(オールカラー)

全英博物館発行の大型本の完訳。タイ各地の織物、機織の現場、歴史的史料としての壁画等のカラー写真をふんだんに使ったタイ染織の総合的な研究書。織物細部の紋様の写真などは特に貴重で、タイ染織の魅力を満喫できます。

ムエタイの世界──ギャンブル化変容の体験的考察

菱田慶文
定価2500円＋税

かつてはタイの国技と言われた最強の格闘技「ムエタイ」がなぜギャンブル・スポーツになったのか? 現役プロ格闘家が国立カセサート大学に留学し、ムエタイ修行をしながらたどりついた結論は「ムエタイはタイ社会を映す鏡である」。